인문학 독자를 위한 **반야심경**

인문학 독자를 위한 **반야심경**

이태승 지음

불광출판사

『반야심경(般若心經)』은 널리 알려진 바와 같이 대승불교를 대표하는 경전으로, 오늘날 전 세계적으로 가장 유명한 불교 경전 중 하나로 간주할 수 있습니다. 특히 동아시아 대승불교권인 중국·한국·일본의 사찰에서는 거의 매일 『반야심경』을 독송하고, 불교 의례가 있을 때 역시 다 함께 독송합니다. 그렇기에 동아시아 사람들 가운데 『반야심경』에 나타나는 '조견오온개공'이나 '색즉시공 공즉시색', '아제 아제 바라아제 바라승아제 모지사바하' 같은 경전 구절을 들어보지 못한 사람은 거의 없을 것입니다. 이렇듯 널리 알려지고 익숙한 경전인 까닭에 『반야심경』을 불교 사상의 핵심으로 간주해서 연구하는 사람도 무수히 많고, 『반야심경』에 대한 저술이나 연구서 역시 헤아릴 수 없을 만큼 많습니다.

그렇지만 이렇게 『반야심경』에 대한 연구서가 많다는 것은 다른 한편으로 『반야심경』에 대한 이해가 쉽지 않다는 뜻도 될 듯합니다. 명약관화(明若觀火)하게 그 내용이 분명하다면 사람들의 이해가 크게 다르지 않아야 합니다. 하지만 실제『반야심경』에 대한 연구서를 보면 그렇지 않은 것 같습니다. 이런 점에서『반야심경』은 그것을 이해하려고 노력하는 사람들의 근기에 따라 그 이해가 달라질 수 있는 경전이라고 할 수 있습니다. 그리고 우리가 보고 듣는『반야심경』이 핵심 내용만을 축약한 것이어서 추측의 여지가 많다는 점 역시『반야심경』에 대한 이해가 다양해진 또 다른 이유가 될 것 같습니다.

앞에서 '핵심 내용만을 축약한 것'이라고 말한『반야심경』은 우리가 흔히 보고 듣는『반야심경』, 즉 '여시아문(如是我聞)'과 같이 불교 경전에 전형적으로 보이는 문구가 생략된『반야심경』을 말합니다. 이『반야심경』은 중국의 현장(玄奘, 602~664)이 번역한 것입니다. 중국·한국·일본에서 독송되는『반야심경』은 이 현장 역『반야심경』이며,『반야심경』을 연구하는 사람들이 파고드는 한역본 텍스트 역시 거의 대부분 현장 역『반야심경』입니다. 여타의 한역본『반야심경』을 제치고 유독 현장 역『반야심경』이 이렇게 견고한 지위를 차지하게 된 것은 현장이 동아시아 불교사에 미친 큰 영향 때문입니다. 현장은 현재 남아 있는 동아시아 한문대장경 가운데 상당수의 문헌을 번역했을 뿐만 아니라, 그 자신이 뛰어난 불교 사상가로서 활약했습니다. 이렇게 추앙받는 현장 역시 젊은 시절 인도에서 구법 유학을 할 때 어려운 상황을 만나면『반야심경』을 외웠다고 합니다.

현장이 외웠다는『반야심경』은 아마도 현장 이전에 구마라집(鳩摩羅什, 344~413)이 번역했던『반야심경』이었을 것이라고 생각됩니다. 이 구마라집 역『반야심경』은 그 이름에『대명주경(大明呪經)』이라는 명칭이 있는 것으로 볼 때, 경전이라기보다는 주문이나 진언으로 받아들여져서 암송되고 독송된 듯합니다. 하지만 인도에서 돌아온 현장이『반야심경』을 새롭게 번역하고 공포한 이후로는 현장 역『반야심경』이 모든『반야심경』을 대표하는 경전으로 자리 잡게 되었습니다. 현장 역『반야심경』은 국가적인 역경 사업의 일환으로 만들어졌기 때문입니다.

현장 역『반야심경』은 일반적인 불교 경전과는 그 체제가 상당히 다릅니다. 경전의 시작으로 간주되는 '여시아문'이라는 문구가 없고, 어떤 상황에서 반야바라밀다의 가르침이 설해졌는지에 대한 기술 역시 전혀 없습니다.

그렇기에 현장 역『반야심경』은 실제『반야심경』의 내용을 전하는 면에서는 다소간의 혼란을 일으키기도 했습니다. 그 대표적인 사례는『반야심경』의 핵심 개념인 반야바라밀다가 단순한 주문으로 오인된 것입니다. 현장 역『반야심경』은 반야바라밀다가 공성을 체득하는 중요한 가르침인 것을 설합니다. 그리고 반야바라밀다를 주문으로 간주하고 또 반야바라밀다의 주문으로서 '아제 아제 바라아제 바라승아제 모지사바하'를 설하고 있습니다. 반야바라밀다를 주문으로 간주하고 또 반야바라밀다의 주문이 나오는 것은 구마라집의 번역에서도 동일한데, 아마도 이것이 현장의 번역에도 영향을 준 것으로 생각됩니다. 하지만 이러한 번역은『반야심경』이 대승불교 사상을 전하는 경전인지 아니면 진언다라니 주문을 강조하는 문헌인지를 판단하기 어렵게 만들었습니다. 이러한 혼란은『반야심경』을 연구하는 사람들에게 아직까지도 영향을 미치고 있습니다.

대장경을 살펴보면『반야심경』의 한문 번역본은 여러 가지가 있습니다. 이 가운데 현장 역『반야심경』은 일반적으로 '소본(小本)'이라 부르고, '여시아문'으로 시작함으로써 온전한 경전 형태를 갖춘『반야심경』은 '대본(大本)'이라 불러서 구분하고 있습니다. 소본의『반야심경』은 구마라집 역과 현장 역의 두 본이 있고, 대본은 다섯 본이 있습니다. 이 소본과 대본의 한역본에 해당하는 산스끄리뜨본도 모두 현존하고 있습니다. 그리고 소본과 대본의 한역본을 비교해보면, 소본에 해당하는 구마라집 역이나 현장 역은 상당히 축약된 형태의 경전인 것을 알 수 있습니다.

『반야심경』을 온전히 이해하기 위해서는 현장 역『반야심경』뿐만 아니라 경전 형태를 명확히 갖춘 대본『반야심경』도 함께 살펴보는 것이 중요합니다. 따라서 이 책에서는 대본에 속하는 한역본을 참고하면서 소본인 현장 역『반야심경』의 내용을 설명하고자 합니다. 또 그러한 가운데 다음 다섯 가지 사항들을 특히 강조하고자 합니다.

첫째,『반야심경』의 핵심 개념인 반야바라밀다는 '제법자성공'에 대한 분명한 이해를 뜻하는 것으로, 이것은 초기불교 이래로 이어진 연기–무아의 가르침을 잇는 대승불교의 중요한 가르침입니다.

둘째, 반야바라밀다는 대승의 보살이 실천하는 육바

라밀다의 정신적 실천 체계 중 깨달음을 통찰하는 단계로, 이것은 실체적 관념을 떠나 삶 속에서 이타자리를 실천하는 정신적 원천이 됩니다.

셋째, 『반야심경』에 나타나는 반야바라밀다의 가르침은 대승의 출가보살이나 부처뿐만 아니라 재가보살을 위한 가르침이기도 합니다.

넷째, 『반야심경』에 설해지는 반야바라밀다는 지혜 완성의 경계를 뜻하는 말이지 주문이 아닙니다. 주문은 "아제 아제 바라아제 바라승아제 모지사바하"뿐입니다.

다섯째, 반야바라밀다가 의미하는 공성의 체득은 실체적 개념을 해체하는 것으로, 인류의 종교 역사 가운데 연기법에 의거한 불교의 위상을 분명히 한다는 점에서 중요합니다.

이상의 점들이 『반야심경』에 대한 필자로서 갖는 입장이라고 할 수 있습니다. 이러한 입장에 근거해 서술해 가는 본서는 필자에게 고마운 기회가 되는 것 같습니다. 필자로서 저는 그동안 『반야심경』에 관심을 갖고 연구해 오면서 다양한 자료를 발견하기도 했고 현장 역이 갖는 문제점을 지적하기도 했습니다. 그리고 그 과정을 통해 얻어진 『반야심경』에 대한 이해를 체계적으로 설명할 기회가 오기를 기대했습니다. 그렇기에 이번에 이 책을 쓸 기회를 마련해 주신 불광출판사에 감사의 말씀을 전하고 싶습니다. 저는 이 책에서 『반야심경』의 온전한 내용을 가급적 잘 설명하기 위해 노력했습니다. 독자 여러분들도 이 책과 함께 『반야심경』의 세계로 나아가주실 것을 부탁드립니다.

지성산방에서 의암법우 識

차 례

1

『반야심경』을
우리는
왜 알아야 할까

반야의 세계

"공(空)을 아십니까?"

이렇게 물음을 제기하면 예전 대학가 주변에서 "도(道)를 아십니까?"라고 묻던 사람들이 생각납니다. 대개 대학생 같은 젊은이들이 그러한 질문을 던졌고, 또 이들이 그 질문에 조금이나마 관심을 보이던 학생들에게 열심히 설명을 하기도 했지요. 물론 종교나 철학에 정말 진지하게 관심을 갖고 있던 학생들은 곁눈질도 안 했고 대응도 하지 않았습니다. 그들이 진짜 도를 알 것이라고는 생각하지 않았기 때문이지요.

그렇지만 지금 생각해보면 그 친구들은 도에 엄청 관심이 많았던 젊은이들로서 그 당시에는 도를 알았을지도 모르겠다는 생각이 듭니다. '도'라는 말은 다양한 의미를 가질 수 있을 것인데, 그 중에는 진리라든가 삶의 원칙과 같은 의미도 있을 것입니다. "도를 아십니까?"라고 묻던 그때의 그 젊은이들은 진리나 삶에 대해 사유하고 싶은 열정이, 그리고 타인에게까지 그들이 사유한 '도'를 전달하고 싶은 열정이 넘쳐났던 것 같습니다. 세월이 지나고 나이가 들면 진리에 대한 열정이 식어가는 경우가 대부분입니다. 그에 비해 열정적으로 도를 전하려 했던 그 젊은이들은 나름대로 진리에 근접해 있었던 것인지도 모르겠습니다.

그럼 다시 돌아와 "공을 아십니까?"라는 질문에 대해 생각해봅시다. 불교에 대한 지식이 전혀 없는 사람이라 하더라도 분명 이 질문을 들어본 적이 있을 것입니다. 아마도 그는 불교를 통해 이 질문을 접했을 것입니다. '공'은 『반야심경』에서 중시되는 개념이고, 『반야심경』은 대승불교의 가장 대표적인 경전이기 때문이지요. 그렇기에 '공'을 거론해 "공을 아십니까?"라고 묻는다면 그것은 불교의 진리를 알고 있는지 묻는 질문이 될 것입니다. 그런데 "공을 아십니까?"라는 질문은 비록 말은 간단하지만 실은 대단히 차원 높은 질문입니다. 그러니 그 질문에 대한 답으로서 공을 설명하는 것은 그리 만만한 일이 아닙니다.

불교에서 진리를 이야기할 때 흔히 거론되는 마음이나 불성(佛性) 등과 같은 말을 들으면 그 의미가 대략적으로나마 머릿속에 떠오르는 경우가 많습니다. 하지만 공이라는 말은 마음이나 불성 같은 말에 비해 그 의미가 머릿속에 잘 떠오르지 않습니다. 그렇더라도 이 공이라는 말은 불교를 대표하는 진리로, 불교 특히 대승불교의 핵심적인 개념이라 할 수 있습니다. 이러한 공의 세계에 들어가는 것이 다른 말로 표현하면 반야(般若)의 세계에 들어가는 것이고, 이 반야의 세계를 유감없이 잘 드러내 보이는 것이 『반야심경』이라 할 수 있습니다.

『반야심경』이라는 말은 '반야', 즉 '반야바라밀다(般若波羅蜜多)'의 핵심이 되는 경전이라는 뜻입니다. '반야'란 산스끄리뜨어 '쁘라즈냐(prajñā)'의 음을 옮긴 말로, 일반적으로 '지혜(智慧)'라고 번역됩니다. '바라밀다'란 역시 산스끄리뜨어인 '빠라미따(pāramitā)'의 음을 옮긴 말로, '완성'·'성취'를 뜻합니다. 따라서 '반야바라밀다'란 '지혜의 완성', 즉 정신적인 깨달음을 말합니다. 그리고 이때의 지혜란 깨달음을 가져오는 지적 통찰로서, 삶에 대한 완전한 앎, 온전한 자각(自覺)을 나타내는 정신적 경계를 의미합니다.

불교의 개조인 고따마 붓다(Gotama Buddha, BC. 624~544)는 깨달음을 얻기 이전에는 '싯다르타(Siddhārtha)' 라고 불렸습니다. 카필라국의 왕자로 태어났기에 '싯다르타 태자'라고도 합니다. 싯다르타 태자는 29세에 삶의 근본 이치를 깨닫고자 출가하여 6년간의 수행을 통해 깨달음을 얻었습니다. 이 깨달음으로 인해 그는 붓다, 즉 깨달은 자가 되었습니다. 이 붓다가 깨달은 정신적인 경계를 나타내는 말이 지혜입니다. 이 지혜는 붓다 당시 정립된 교학적 용어로서는 삼학(三學) 중의 하나로 간주되는데, 삼학이란 불교에서 반드시 닦고 배워야 할 세 가지, 즉 계학(戒學)·정학(定學)·혜학(慧學)을 가리킵니다. 이 가운데 혜학이 지혜에 해당합니다. 지혜를 얻어 최고의 성자가 된 사람이 붓다이고, 이 붓다에 의해 전해진 종교가 불교입니다. 따라서 붓다가 도달한 지혜의 경지를 깨달음이라 표현한 것이고, 이 깨달음의 상태를 대승불교에서는 반야바라밀다라고 표현한 것입니다.

『반야심경』에서는 이 반야바라밀다의 구체적인 모습을 '공(空)'이라고 표현합니다. 이 '공'이라는 말은 산스끄리뜨어로는 '순야(śūnya)'라고 합니다. 이 말은 '비어 있다'라는 뜻으로, 기본적으로는 '없다'는 뜻을 가지고 있습니다. 우리는 주변의 사물들을 보며 '있다' 혹은 '없다'라고 말합니다. "여기 책이 있다", "저기 컵이 있다"라고 하고, 또 "책이 없어졌다", "컵이 없어졌다"라고 말합니다. 이렇게 '있다' 혹은 '없다'는 우리가 사물의 존재 여부를 표현하는 데 사용하는 일상적인 용어입니다. 하지만 '공'이라는 말에 내포된 '없다'는 일상적인 의미에서의 '있다'에 반대되는 '없다'가 아니라 '본래 없다'는 것을 뜻합니다.

공이라는 말의 이해에 대해서는 많은 사람들이 믿는 '신(神, God)'과 같은 개념을 생각해보면 좋을 듯합니다. 신이라는 것은 있다가 없고, 없다가 있고 하는 것일까요? 많은 사람들이 믿고 따르는 입장에서 보면 신은 있다가 없거나, 없다가 있거나 하지 않고 영원히 존재합니다. 이러한 신과 같이 변하지 않고 영원히 존재하는 것을 인도에서는 '실체(實體, dravya)'라고 말합니다. 공은 이러한 신과 같은 개념을 부정하는 것입니다. 영원히 존재하는 신과 같은 존재, 즉 실체로서의 존재는 본래부터 없다고 말합니다. 실체를 부정하는 이러한 공의 사유는 불교의 전통적인 연기설(緣起說)과 무아설(無我說)을 배경으로 합니다. 연기와 무아라는 불교의 핵심 사상이 대승불교도에 의해 공의 의미를 담은 '반야바라밀다'로 나타났고, 이 반야바라밀다야말로 대승불교가 추구해야 할 핵심적인 목표임을 설한 경전이 바로 『반야심경』입니다.

이렇게 대승불교도에 의해 가장 핵심적인 불교의 개념으로 간주된 말이 '반야바라밀다'이고, 이 반야바라밀다의 구체적인 내용을 지칭하는 말이 '공'입니다. 그래서 앞서 말한 "공을 아십니까?"라는 질문은 "불교의 진리가 무엇인지 아십니까?"라는 질문이 됩니다. 그렇지만 이런 질문을 받으면 상당히 난감할 것 같습니다. 인류의 여러 종교들이 저마다의 진리를 가르치지만 불교가 가르치는 진리는 명확하게 설명되기 어려운 느낌이 있기 때문이지요. 여타 종교의 가르침이 어느 정도 그 의미가 명확한 것과 달리, 불교의 '공'이라는 가르침은 "왜 없는가?"에 대한 이해가 전제되지 않으면 그 의미가 쉽사리 파악되지 않습니다. 따라서 '공'이라는 말에는 불교의 핵심 사상인 연기설과 무아설이 담겨 있다는 점을 먼저 이해할 필요가 있습니다.

종교로서 불교가 갖는 특징은 신과 같은 절대적인 존재에 의지하지 않고 인간 내면의 정신 세계를 바라본다는 점입니다. 『반야심경』의 공은 인간 내면에 자칫하면 자리 잡기 쉬운 신과 같은 실체적 개념을 분명히 알고 해체시키는 것이며, 반야바라밀다는 이 공을 아는 것입니다. 반야바라밀다로서의 공성(空性)을 통찰함으로써 인간 내면의 순수한 정신적 성품을 확인하고 붓다와 같은 인격성을 갖고자 하는 것, 이것이 바로 『반야심경』에서 강조하는 대승불교의 목적이라고 할 수 있습니다.

　　『반야심경』이라는 제목은 반야바라밀다를 설하는 경전인 반야경 가운데 가장 핵심적인 내용을 담았다는 뜻입니다. 그래서 이 제목에서는 반야바라밀다라는 지혜의 경계로서의 공을 가장 잘 드러내고 있다는 자부심마저 느껴집니다. 이렇게 『반야심경』은 불교의 근본 정신 내지 대승불교의 핵심 정신을 알려주려는 목적에서 만들어진 경전이라고 할 수 있습니다. 『반야심경』은 공에 대해 알고자 하는 모든 사람들을 환영합니다. 『반야심경』의 세계는 인류의 여러 종교적 가르침 가운데서도 가장 독특한 가르침인 공에 관심을 가진 사람들을 위해 펼쳐져 있습니다. 이

제 우리는 이러한 지혜의 경계를 알기 위해 『반야심경』의
공의 세계 속으로 들어갑니다. 그렇지만 이 공을 이해하
는 역사적인 전제로서 불교의 독특한 가르침인 무아설을
살펴봐야 할 필요가 있습니다.

무아설의 전통

무아설(無我說)이란 불교의 독특한 가르침입니다. 아(我), 즉 자아(自我)가 없다는 무아설의 가르침은 좀 더 과장해서 말하면 인류의 종교 중 불교가 가장 독특하고 특색 있는 종교로서 이해될 수 있는 가르침이라 할 수 있습니다. 사실 이 무아설은 종교적인 입장에서 설해질 수 있는 것인지도 의문을 갖게 합니다. 왜냐하면 우리들이 일반적으로 말하는 종교는 오늘날 철학과 상대하여 논의하는 경우가 많습니다. 특히 서양의 정신사적 전통에서는 종교와 철학이 구분되어 언급되는 경우가 많습니다. 그것은 서양의 전통에서는 신을 중심으로 하는 종교적인 전통이 인간을 중심으로 하는 철학적인 전통과 상당히 분명하게 대립하는 전개를 보이고 있기 때문입니다. 특히 신을 중심으로 하는 종교의 역사가 인간의 이성이나 자아를 중심으로 하는 철학의 역사로 이어져 오늘날에도 종교와 철학이 양립하는 모습을 살펴볼 수 있습니다.

서양의 사상사적 전통에서 인간의 자아는 신을 대신해 인간 존재의 가치를 드러내는 중요한 근거로서 철학적인 탐구의 대상이 되고 있습니다. 이러한 서양 사상의 전통과 비교해 보면 불교의 자아가 없다는 무아설은 종교적인 입장에서가 아니라 철학적인 입장에서 이해해야 할 필요가 있는 것입니다. 동서양의 종교나 철학을 막론하고 독특한 사상적 특징을 나타내는 무아설은 불교가 철학적인 사유를 바탕으로 하는 종교임을 드러낸다는 점에서 중요합니다.

자아가 없다는 무아설은 인도말로는 '안아뜨마바다(anātma-vāda)'라고 합니다. 여기에서 자아에 해당하는 말이 '아뜨만(ātman)'으로, 이 아뜨만은 불교의 개조 고따마 붓다가 생존했던 시대에 중요한 철학적 탐구의 대상이었습니다. 붓다가 생존했던 기원전 6세기 당시에는 바라문교(婆羅門敎)라는 종교가 성행하여 인도의 종교 문화를 형성해 가고 있었습니다. 바라문교는 종교 문헌인 베다(Veda)를 중심으로 하는 의례 체계에 근거했는데, 이러한 종교적 전통 속에 철학적 사유가 나타나고 있었습니다. 베다 문헌을 구성하는 우빠니샤드(Upaniṣad)는 그러한 철학적인 사유를 보여주는 대표적인 문헌으로, 이 문헌 속에 등장하는 중요한 철학적 용어가 아뜨만인 것입니다.

　인도의 베다 전통에서는 우주의 창조자이자 절대자인 브라흐만(Brahman)이 세계를 창조한 뒤, 창조한 현상 세계 속으로 들어갔다고 말합니다. 따라서 존재하는 현상의 사물 속에는 브라흐만의 속성이 있는 것으로, 이 브라흐만의 속성을 아뜨만으로 나타낸 것입니다. 여기에서의 브라흐만이란 오늘날의 신과 같은 개념이라 할 수 있고, 이 신인 브라흐만이 현상의 존재인 인간의 내면 속에 아뜨만으로 존재해 있어, 그 아뜨만을 아는 것이 해탈에 이르는 길로서 진리를 아는 것이라고 했던 것입니다. 따라서 이 아뜨만이 무엇인지 올바로 탐구해 아는 것이 붓다가 살던 시대의 중요한 철학적 과제였다고 할 수 있습니다. 당시 많은 종교 지도자들이 이 아뜨만을 당연히 받아들여 자신들의 교리로 삼았습니다. 하지만 붓다는 이 아뜨만을 부정하고 무아설을 자신의 교리로 삼았습니다. 붓다가 무아설을 주장한 이유는 그 자신이 깨달음의 체험 속에서 확실하게 체득한 연기(緣起)의 이법 때문이었습니다. 연기의 이법은 모든 것은 독자적으로 생겨나지 않고 서로 인연의 조건에 의해 생겨난다는 것입니다. 이러한 연기법의 관점에서 본다면 독자적인 아뜨만으로서 존재하는 것은 없다는 것이 붓다의 입장이었습니다.

아뜨만을 부정하는 무아설은 당연히 브라흐만과 같은 신도 부정하는 것이 됩니다. 기원전 6세기 붓다에 의해 주장된 무아설 내지 나아가 무신론(無神論)의 가르침을 설한 불교는 아마도 동서양을 막론하고 가장 독특한 가르침을 설하는 종교라고 해도 무방할 것입니다. 그렇다면 진리의 근거를 브라흐만이나 아뜨만과 같은 개념에 두지 않는 불교는 어디에서 진리를 찾는 것일까요. 불교의 개조인 붓다는 내면의 연기적인 통찰을 통해 실체 개념을 떠남으로써 드러나는 인간성에 바탕을 둔 관계적인 삶의 이해 속에서 진리를 찾았다고 할 수 있습니다. 붓다는 신과 같은 절대적인 근거를 상정하지 않았기에 다양한 현상을 법(法)이라는 요소들로 분석했습니다. 그리고 우리의 삶은 다양한 법들의 관계라고 표현했습니다.

『반야심경』에 나타나는 반야바라밀다의 의미로서 '제법(諸法)의 공(空)'이라는 표현은 실로 고따마 붓다의 근본 가르침인 무아(無我)의 가르침에 근거한다고 말할 수 있습니다. 그렇지만『반야심경』을 만들어 낸 대승불교는 붓다가 열반에 들고 상당한 시간이 지난 후에 생겨난 불교의 형태입니다. 대승불교가 일어나기 이전의 불교는 초기불교·부파불교 등의 명칭으로 부릅니다. 따라서 우리들은『반야심경』을 이해하기 위해 대승불교 이전의 불교에 대해서도 조금 살펴보아야 할 것입니다.『반야심경』에 나타나는 공의 가르침이 붓다가 깨달은 연기의 이법에 근거한 무아의 가르침을 잇는 것임을 염두에 두면『반야심경』에 대한 이해가 한층 빠를 것입니다.

대승의 길

따라서 『반야심경』이 펼쳐 보이는 공의 세계에 들어가기 전에 대승불교에 대해 좀 더 알아보겠습니다. 그리고 『반야심경』이 불교의 역사 속에서 어떤 위상을 갖는지도 아울러 살펴보겠습니다.

대승불교에서 '대승(大乘, Mahāyāna)'이라는 말은 '큰[大] 타는 물건[乘]'이라는 뜻으로, 전통적으로 '큰 수레'라고 번역합니다. 이 말에는 모든 중생들을 다 태운 후 그들을 고통의 세계에서 열반의 세계로 인도하겠다는 깊은 뜻이 담겨 있습니다. 이러한 이념을 가진 대승불교는 인도에서 기원 전후 무렵에 생겨난 것으로 추정됩니다.

대승불교 이전에 인도에는 부파불교(部派佛教)가 전개되고 있었습니다. 부파불교는 교주인 붓다를 받드는 것은 동일했지만, 붓다의 가르침을 저마다 다르게 이해함으로써 불교 교단이 분열된 결과로 생겨난 불교를 말합니다. 고따마 붓다가 열반에 든 이후 불교 교단은 20개 정도의 부파로 나누어졌다고 알려져 있습니다. 대승불교는 이러한 여러 부파의 불교가 전개되던 상황에서 새롭게 생겨난 불교입니다. 처음에 대승불교는 기존의 불교 교단에 반기를 드는 시도로 비춰졌을 가능성이 큽니다. 하지만 시간이 지남에 따라 대승불교의 주장은 점점 더 많은 호응을 얻게 되었고, 그 결과 대승불교는 불교의 중요한 흐름으로서 인정받게 됩니다. 이 역사적 전개 속에서 반야바라밀다를 강조하는 반야경이 대승불교 최초의 경전으로 등장합니다. 그리고 『반야심경』이 반야경 가운데 가장 핵심적인 경전으로 그 위상을 드러내게 됩니다.

반야바라밀다의 핵심 내용으로서 공을 내세우는 반야경에 근거하면, 반야경이 비판하는 기존 부파불교의 입장은 공과 대비되는 '유(有)'의 입장인 것을 알 수 있습니다. 이러한 유의 주장, 곧 무엇인가가 있다는 주장을 대표하는 부파는 부파불교 가운데서도 설일체유부(說一切有部)입니다. 설일체유부는 초기불교 이래로 중요하게 받아들여졌던 법(法, dharma)의 개념을 세밀하고 정치하게 발전시켰습니다. 초기불교 이래 붓다가 설한 가르침은 법이라는 말로 표현됩니다. 이 법이라는 말은 붓다의 가르침을 의미하기도 하지만, 다른 한편으로 존재하는 현상을 이루는 다양한 요소를 지칭하기도 합니다. 연기와 무아의 가르침에 근거한 불교는 우리가 경험하는 현상을 분석해 다양한 법의 개념을 제시했습니다. 그런데 설일체유부는 이러한 각각의 법에는 변치 않는 고유한 특성, 즉 자성(自性, svabhāva)이 있다고 주장했습니다. 고유한 자성을 갖는 법들이 다양하게 존재하는 까닭에 우리의 삶이 유지된다는 것이 그들의 생각이었습니다. 설일체유부는 이러한 자성을 가진 제법(諸法)으로 75개의 법을 설정했고, 이것을 5위(位)75법(法)이라는 체계로 정리했습니다. 이 5위75법의 체계는 신이나 절대적인 것을 인정하지 않는 불교의 입장에서 현상을 설명하는 다양한 요소들을 세밀하게 분석하여 정리한 것입니다.

그렇지만 설일체유부가 정리한 제법(諸法)에 대해 의문을 품는 불교가 등장했습니다. 그것이 바로 대승불교였습니다. 대승불교는 변치 않는 속성으로서의 자성을 갖는 법이 서로 연기하며 우리의 삶을 유지시킨다는 것에 의문을 가졌습니다. 이 의문은 변치 않는 절대적인 속성을 가진 법들이 과연 상호 조건으로서 역할을 할 수 있을까에 대한 것이었습니다. 그래서 대승불교는 변치 않는 자성이라는 속성을 갖는 법의 개념 대신, 끊임없이 변하면서 서로에 대해 영향을 미치는 법의 개념을 주장했습니다. 그리고 이러한 법을 '자성이 없다'는 의미에서 '공'이라고 표현했습니다. 대승불교의 이러한 입장은 초기불교 이래로 이어져온 영원하고 절대적인 것은 없다고 하는 연기 – 무아의 가르침을 충실히 따랐던 것이라 할 수 있습니다. 대승불교는 제법의 자성공(自性空)을 통찰하는 지적인 행위를 반야바라밀다로 표현했으며, 이 반야바라밀다의 행을 통해 붓다가 얻은 깨달음의 경계로 나아갈 수 있다고 주장했습니다.

그리고 대승불교는 제법의 자성공을 통찰하는 반야바라밀다를 삶 속에서 구현하는 수행과 실천의 체계를 정립했습니다. 그것이 바로 대승불교도, 즉 보살(菩薩, bodhisattva)의 육바라밀입니다. 육바라밀은 보시(布施)·지계(持戒)·인욕(忍辱)·정진(精進)·선정(禪定)·지혜(智慧)라는 여섯 가지 실천 덕목으로 이루어집니다. 이것은 앞에서 말한 계·정·혜의 삼학(三學)을 대승의 입장에서 재정립한 것이라 할 수 있습니다. 곧 보시·지계·인욕·정진은 계학에, 선정은 정학에, 지혜는 혜학에 해당됩니다. 여기에서 혜학의 지혜바라밀이 반야바라밀다인 것입니다. 곧 대승의 보살은 심신(心身)을 청정케 하는 계학과 정신을 집중하는 정학에 바탕을 두며 지혜의 완성으로서의 반야바라밀다를 실천합니다. 이 반야바라밀다의 경계 속에서 통찰된 지혜의 경계는 구체적이고 생생한 현실 속을 살아가야 하는 보살들에게 정신적 지침이 되어줍니다. 달리 말해, 지혜의 눈으로 본 세상에 대한 이해가 삶에서 이루어지는 모든 행위의 토대가 됩니다. 이렇게 지혜의 눈을 통해 행동하는 보살의 삶은 대승불교에서 중시하는 이타자리(利他自利)의 삶과 긴밀하게 관련됩니다. 따라서 우리는 실질적인 삶의 동력(動力)으로서 반야바라밀다가 갖는 의미를 대승보살의 삶을 통해 확실히 이해해야 할 필요가 있습니다. 『반야심경』은 그런 의미에서 중요합니다.

공성에 대한 지혜를 가진 보살로서 살아갈 것을 강조하는 대승불교의 입장은 절대적인 존재에 대한 신앙을 강조하는 입장과는 상당히 대비됩니다. 앞에서도 말했듯 고따마 붓다의 시대에도 브라흐만이나 아뜨만과 같은 절대적인 존재에 대한 신앙은 두터웠습니다. 이러한 종류의 신앙은 오늘날에도 여전히 존재합니다. 그에 비해 대승불교는 공성의 통찰로서의 반야바라밀다를 실천하면서 현실의 삶을 살아갈 것을 강조합니다. 그리고 이를 통해 실체적 관점이 아닌 새로운 관점에서 인간을 이해하고자 했습니다. 곧 보살이 실천하는 공성에 대한 통찰은 연기적인 사유를 증진시켜 나와 주위의 사물이 밀접하게 관련되어 있음을 자각하게 해줍니다. 달리 말해 공성에 의한 통찰은 내 삶의 주변을 이루는 환경과 나의 존재가 상호 밀접하게 관련되어 서로 영향을 주고받고 있음을 자각하게 해줍니다. 반야바라밀다에 대한 통찰에 근거한 보살의 삶은 이타자리의 실천이야말로 현실의 인간이 지향해야 하는 삶의 모델임을 잘 보여줍니다.

대승불교는 반야바라밀다를 강조함으로써 부파불교의 교의에 구애되지 않고 고따마 붓다의 가르침에 충실하고자 했습니다. 공성의 통찰인 반야바라밀다는 초기불교 이래로 이어진 연기 – 무아의 가르침을 잇는 개념으로, 대승보살이 실천하는 정신적 자각의 근거가 됩니다. 대승불교의 이러한 입장은 실체적 개념이 난무하는 오늘날의 현실 속에서 불교도가 어떻게 살아가야 하는지를 알려주는 지침이 됩니다. 또한 이 입장은 불교도뿐만이 아니라 실체적 개념에 의문을 가진 많은 사람들에게도 인간으로서 올바르게 살아갈 수 있는 길을 제시한다고 생각합니다.

관세음보살이 사리불에게 설법하다

"관자재보살이 반야바라밀다를 행할 때, 오온이 모두 공하다는 것을 살펴보고, 일체의 고통과 재난에서 벗어났다. 사리자여, 색은 공하고 공한 것이 색이니…"

이것은 우리가 일반적으로 접하는 『반야심경』의 첫 구절로, 이 『반야심경』은 동아시아에서 가장 널리 읽히고 있는 현장 역 『반야심경』입니다. 현장은 동아시아에 전해진 불교 경론을 모은 대장경 가운데 상당수의 경론을 번역했고, 법상종(法相宗)이라는 불교 종파를 창시해 자신의 불교를 펼치기도 했던 대사상가입니다. 현장은 서역의 사막 지대를 가로질러 구법(求法)의 길을 떠난 후 17년간 인도에 머물며 공부했습니다. 이후 현장은 무사히 중국에 돌아와 649년에 자신이 직접 번역한 『반야심경』을 공포했습니다.

현장의 『반야심경』에는 경의 일반적인 체제를 구성하는 요소인 '여시아문' 같은 말도 없고, 경전의 내용을 증명하는 부처님의 모습도 보이지 않습니다. 이 『반야심경』은 관자재보살(觀自在菩薩)이 등장하고 이 관자재보살이 사리자(舍利子)에게 설법하는 것으로 시작됩니다. 『반야심경』의 이러한 전개는 무엇인가 상당히 급박한 느낌을 갖게 합니다. 거두절미하고 핵심적인 내용만을 빨리 말하고자 하는 듯하기 때문입니다. 그렇습니다!! 현장이 번역한 『반야심경』은 핵심 내용만이 담긴 것으로, 경전의 앞과 뒤가 생략되어 있습니다. 대장경을 살펴보면 구마라집 역 『반야심경』 역시 현장 역 『반야심경』과 마찬가지로 핵심 내용만을 담고 있습니다. 하지만 '여시아문'이라는 말로 시작하는 다른 『반야심경』도 상당수 존재합니다. 그런 까닭에 현장과 구마라집의 『반야심경』을 소본(小本), 여시아문의 체제를 갖춘 『반야심경』을 대본(大本)이라고 하여 둘을 구분합니다.

『반야심경』에서는 대승불교의 보살인 관자재보살(觀自在菩薩)이 주역이 되어 사리자(舍利子)에게 가르침을 전합니다. '관자재보살'은 현장이 새롭게 번역한 이름으로, 이전에는 구마라집이 번역한 이름인 '관세음보살(觀世音菩薩)'로 통용되었습니다. 대본『반야심경』을 번역한 지혜륜(智慧輪)은 '관세음자재보살'로도 표현하고 있습니다. 오늘날에는 관세음보살이라는 이름이 일반적으로 사용되지만 늘 암송되는 현장 역『반야심경』으로 인해 관자재보살이라는 이름 역시 널리 알려져 있습니다. 관자재보살에게 가르침을 받는 사리자는 '사리불(舍利弗)'로도 불리며 전통불교 승가에서 지혜제일(智慧第一)로 추앙되던 인물입니다. 여기서 관자재보살이 사리자를 부르는 것은 대승불교의 보살이 전통불교 교단의 최고 성자를 부르는 것입니다. 이것은 대승 경전에서 볼 수 있는 독특한 모습입니다. 그리고『반야심경』에서 설해지는 내용 역시 전통불교 승가에서는 알려지지 않았던 내용입니다. 이 내용은 대승불교만의 독특한 가르침으로서, 대승의 보살 가운데 최고의 성자인 관자재보살만이 알고 있던 내용이기 때문입니다.『반야심경』의 이러한 면모에서는 대승불교만의 자부심이, 즉 기존의 불교는 알지 못했던 반야바라밀다를 대승불교는 알고 있다는 자부심이 느껴집니다. 실제로 대승불교는 기존 전통불교의 입장에서 보면 새롭게 생겨난 불교였습니다.

　대승불교에서 강조하는 반야바라밀다는 대승불교의 정체성을 드러내는 말인 것은 물론, 대승불교의 입장에서 불교의 근본 개념으로 간주한 중요한 의미를 담은 말이기도 합니다. 그렇지만 반야바라밀다를 주장한 대승불교 교단의 구체적인 이모저모에 대해서는 아직껏 풀리지 않는 의문들이 많습니다. 독자적인 교단을 가지고 있었는지, 의례는 어떠했는지, 어떻게 경전을 만들었는지 등등이 여전히 명확히 밝혀지지 않은 상태입니다.

　하지만 대장경에 남아 있는 엄청난 분량의 대승 경전을 통해 대승불교가 어떤 사상적 입장을 가지고 있었는지는 알 수 있습니다. 이러한 자료들을 통해 『반야심경』이 반야경의 핵심적인 사상을 집약적으로 담고 있다는 것, 그리고 시기적으로는 반야경 제작의 전체 시기 가운데 중기(中期) 정도에 만들어진 것임이 알려져 있습니다. 그리고 대승불교 교단은 『반야심경』에서 설법을 담당하는 관자재보살과 같은 출가(出家)의 보살과 재가(在家)의 보살로 구성되었던 것으로 보입니다. 대본 『반야심경』에서는 재가의 보살인 선남자(善男子)와 선녀인(善女人)이 『반야심경』을 배우고자 하는 사람들로서 등장합니다. 『반야심경』에 재가의 보살이 등장하는 것은 중요한 의미를 갖습니다. 『반야심경』의 가르침은 재가의 보살들도 알 수 있고 이해할 수 있다는 것을 의미하기 때문이지요.

『반야심경』에는 대승불교도가 알아야 하는 가장 핵심적인 가르침이 담겨져 있고 그 가르침은 재가의 보살들도 알 수 있다는 것, 이것이 바로 우리가 『반야심경』을 알아야 할 이유라고 할 수 있습니다.

대승불교 교단은 출가의 보살과 재가의 보살로 구성되어 있다고 했습니다. 그렇다면 보살이란 어떤 사람들일까요? '보살'은 산스끄리뜨어 '보디삿뜨바(bodhisattva)'의 음을 번역한 '보리살타(菩提薩埵)'의 줄인 말로, '깨달음을 구하는 사람'이라는 뜻입니다. 이러한 대승보살들의 입장에서 보면 기존의 부파불교는 대승불교와 사상적 차이가 있습니다. 그러한 차이를 나타내는 대표적인 것이 성불(成佛)의 개념입니다. 대승불교는 누구나 붓다가 보여준 깨달음의 길을 따라갈 수 있고, 따라서 누구나 붓다가 될 수 있다고 주장했습니다. 이에 비해 기존의 전통불교, 즉 부파불교는 불교도로서 도달할 수 있는 가장 높은 단계는 붓다가 되는 것이 아니라 출가자로서 성자(聖者)의 지위에 오르는 것이라고 했습니다. 성자의 단계에 오르고 끝나는 것이 아니라 그보다 더 나아가 붓다가 될 수 있다는 성불의 가르침은 대승불교를 부파불교와 구별되게 하는 중요한 요소입니다.

그러한 성불의 길이 재가의 보살들에게도 열려 있다고 강조하는 것이 『반야심경』의 본뜻이라 할 수 있습니다. 대승불교에서 강조하는 성불의 가르침은 불교가 인도를 넘어 주변국으로 널리 전파되는 데 중요한 역할을 했습니다. 이 가르침을 통해 대승불교도들은 붓다가 보인 인간적인 삶이 모든 불교도들이 따라야 할 진정한 귀감이라는 것을 확신하게 되었고, 그들 스스로 역시 보살로서 붓다를 본받아 살아야 한다는 자각을 갖게 되었습니다. 우리는 『반야심경』을 통해 대승보살이 추구해야 할 실천적인 삶의 길을 보다 더 직접적으로 알 수 있습니다.

2

『반야심경』은
왜
만들어졌을까

『반야심경』의 출현

그러면 『반야심경』이 어떠한 경과로 만들어졌는지 살펴보겠습니다. 대승불교도는 반야, 즉 반야바라밀다가 불교의 핵심 개념인 것을 확신하고, 이 반야바라밀다를 널리 알리는 경전을 만들었습니다. 이렇게 하여 대승의 불교경전, 즉 대승불전(大乘佛典)이 출현하게 되었습니다. 이 대승불전을 대표하는 최초의 경전이 반야경(般若經)입니다. 대승불교도들은 오랜 세월에 걸쳐 반야경을 만들었습니다. 가장 처음 만들어진 반야경은 소품(小品) 계통 반야경이고, 그리고 이 소품 계통 반야경으로부터 대품(大品) 계통 반야경이 나왔습니다. 대품 계통 반야경 이후로는 각각의 개별적인 반야경이 만들어졌습니다.

　여기서 '소품'이나 '대품'과 같은 용어는 경전의 전체적인 분량을 감안하여 붙인 명칭이라고 생각하면 될 것 같습니다. 소품 계통에 속하는 반야경의 대표적인 것으로 『도행반야경(道行般若經)』, 『팔천송반야경(八千頌般若經)』

등을 들 수 있고, 대품 계통에 속하는 반야경으로는 『방광반야경(放光般若經)』, 『대품반야경(大品般若經)』, 『이만오천송반야경(二萬五千頌般若經)』 등을 들 수 있습니다.

와타나베 쇼고(渡邊章悟)의 설(『대승불전 I, 지혜·세계·언어』, 씨아이알, 2017)에 따르면 반야경이 만들어진 역사적 경과는 다음과 같이 정리될 수 있습니다

(1) 초기 반야 경전의 형성 (기원전 100년 ~ 기원후 100년)

(2) 경전의 증광기 (기원후 100년 ~ 300년)

(3) 교설의 개별화와 운문화의 시기 (300년 ~ 500년)

(4) 밀교화의 시기 (500/600년 ~ 1200년)

개별적인 경전으로서의 『반야심경』은 위의 네 시기 가운데 '(3) 교설의 개별화와 운문화의 시기', 즉 전체적으로 중기에 해당하는 4세기경에 만들어졌을 것으로 추정됩니다. 이러한 추정의 근거는 최초의 『반야심경』이라고 할 수 있는 구마라집 역(350~409) 『반야심경』이 남아 있다는 사실입니다. 현장 역시 인도에서 유학하던 시절 이 구마라집 역 『반야심경』을 항상 몸에 지니고 다니며 외웠을

것이라고 생각됩니다. 인도 유학을 마친 후 중국으로 돌아온 현장은 자신이 새로 번역한『반야심경』을 공포했습니다.

　현장 역『반야심경』은 국가의 전폭적인 지원 아래 다수의 경전이 번역되는 가운데 만들어진 것으로, 공포된 이후로는 모든『반야심경』가운데 가장 정본(正本)의『반야심경』으로 받아들여졌습니다. 여기서 '정본의『반야심경』으로 받아들여졌다'는 것은 모든『반야심경』가운데 현장의 것이 가장 널리 읽히게 되었다는 것을, 좀 더 극단적으로 말하자면 현장 역『반야심경』외에 다른『반야심경』은 거의 읽히지 않게 되었다는 것을 뜻합니다. 현장 역『반야심경』의 영향력은 그 정도로 대단했던 것이지요. 그 결과 오늘날까지도『반야심경』이라고 하면 현장 역『반야심경』을 지칭하는 것입니다.

　소본에 속하는 구마라집 역『반야심경』과 현장 역『반야심경』의 정식 제목은 각각 다음과 같습니다.

　구마라집 역 (350~409년경)
　『마하반야바라밀대명주경(摩訶般若波羅蜜大明呪經)』

현장 역 (649년)

『반야바라밀다심경(般若波羅蜜多心經)』

이 가운데 구마라집이 번역한 『반야심경』은 경의 이름에 '대명주경'이라는 말이 붙어 있기 때문에 암송이나 독송을 위한 경전으로 받아들여질 수 있습니다. 구마라집 역 『반야심경』에 나타나는 반야바라밀다를 주문으로 간주하는 부분은 현장의 『반야심경』에도 거의 동일하게 나타납니다. 엄밀히 말한다면 반야바라밀다를 주문으로 간주하는 것은 무리가 있어 보입니다. 하지만 구마라집 역과 현장 역 모두 반야바라밀다를 주문으로 번역하는 바람에 오늘날에도 반야바라밀다를 주문으로 간주하고, 『반야심경』은 독송용·암송용 경전으로 이해하는 경향이 일반화되었다고 생각됩니다.

대장경 안에는 이들 소본 『반야심경』 외에도 경전의 체제로서 '여시아문' 등의 구절이 보이는 『반야심경』이 있습니다. 소본과 구분하여 대본 『반야심경』으로 불리는 이들 『반야심경』은 다음의 다섯 가지입니다.

법월(法月) 역 (738년)

『보변지장반야바라밀다심경(普遍智藏般若波羅蜜多心經)』

반야(般若)와 이언(利言) 역 (790년)

『반야바라밀다심경(般若波羅蜜多心經)』

지혜륜(智慧輪) 역 (861년)

『반야바라밀다심경(般若波羅蜜多心經)』

법성(法成) 역 (856년)

『반야바라밀다심경(般若波羅蜜多心經)』(돈황석실본)

시호(施護) 역 (1000년경)

『성불모반야바라밀다경(聖佛母般若波羅蜜多經)』

이들 다섯 가지 대본『반야심경』가운데 법월 역과 시호 역을 제외한 나머지 셋은 인도의 산스끄리뜨어 원전을 그대로 번역하고 있습니다. 법월 역과 시호 역은 그 핵심 내용은 그대로지만 번역자가 약간 가필을 한 것으로 추정됩니다. 이들 대본『반야심경』은 전체적으로 현장 이후에 번역된 것입니다. 따라서 이들 대본『반야심경』의 산스끄리뜨어 원본은 현장이 인도에서 유학하던 당시에는 없었을 가능성도 있습니다. 그렇기에 역사적으로는 인도에서 소본『반야심경』이 먼저 만들어졌고, 그 이후에 대본『반야심경』이 만들어졌을 것이라고 추정하고 있습니다. 그리고 한문으로 번역된 대본『반야심경』은 모두 현장 역 이후에 나타나기에, 오히려 현장 역『반야심경』이 모태가 되어 인도에서 대본『반야심경』이 만들어졌을 것으로 추측하는 학자도 있습니다.

소본과 대본의 정확한 제작 연대는 알 수 없습니다. 하지만 현장 역『반야심경』에는 대승불교의 사상을 전하는 중요한 용어가 생략되어 있는 반면, 산스끄리뜨어 원본이나 다른 한역본에는 그 용어가 등장하고 있다는 사실이 흥미롭게 느껴집니다. 이러한 점에 주목해 본다면 현장의 번역본을『반야심경』제작의 모태로 보는 견해에는 무리가 있어 보입니다. 현장의 번역에 문제가 있다는 것은 대본『반야심경』과의 비교를 통해서도 알 수 있습니다.

따라서 『반야심경』의 올바른 이해를 위해서는 대본 『반야심경』에도 주의를 기울여야 할 필요가 있습니다.

대본과 소본의 비교

현장 역 소본 『반야심경』을 본격적으로 살펴보기에 앞서 여기서는 소본 『반야심경』과 대본 『반야심경』을 비교해 보도록 하겠습니다. 여기서 소본 『반야심경』으로는 당연히 현장의 한역본을, 대본 『반야심경』으로는 산스끄리뜨어 원본을 충실히 번역한 지혜륜의 한역본을 사용하겠습니다. 이 두 가지 한역본의 번역을 대조해보면 다음과 같습니다.

현장 역 소본 『반야심경』	지혜륜 역 대본 『반야심경』
	①如是我聞。一時薄誐梵。住王舍城鷲峰山中。與大苾蒭衆及大菩薩衆俱。
	②爾時世尊。入三摩地。名廣大甚深照見。
	③時衆中有一菩薩摩訶薩名觀世音自在。行甚深般若波羅蜜多行時。照見五蘊自性皆空。

	④卽時具壽舍利子承佛威神。合掌恭敬。白觀世音自在菩薩摩訶薩言。聖者。若有欲學甚深般若波羅蜜多行。云何修行。
觀自在菩薩。行深般若波羅蜜多時。照見五蘊皆空。度一切苦厄。	⑤如是問已。爾時觀世音自在菩薩摩訶薩。告具壽舍利子言。舍利子。若有善男子善女人。行甚深般若波羅蜜多行時。應照見五蘊自性皆空。離諸苦厄。
舍利子 色不異空 空不異色 色卽是空 空卽是色 受想行識亦復如是。舍利子。是諸法空相。不生不滅。不垢不淨。不增不減。是故空中無色。無受想行識。無眼耳鼻舌身意。無色聲香味觸法。無眼界 乃至 無意識界 無無明 亦無無明盡 乃至無老死 亦無老死盡。無苦集滅道。無智亦無得。	⑥舍利子。色空。空性見色。色不異空。空不異色。是色卽空。是空卽色。受想行識。亦復如是。舍利子。是諸法性相空。不生不滅。不垢不淨。不滅不增。是故空中無色。無受想行識。無眼耳鼻舌身意。無色聲香味觸法。無眼界。乃至無意識界。無無明。亦無無明盡。乃至無老死盡。無苦集滅道。無智證無得。
以無所得故。菩提薩埵。依般若波羅蜜多故。心無罣礙。無罣礙故。無有恐怖。遠離顛倒夢想。究竟涅槃。	⑦以無所得故。菩提薩埵。依般若波羅蜜多住。心無障礙。心無障礙故。無有恐怖。遠離顛倒夢想。究竟寂然。
三世諸佛。依般若波羅蜜多故。得阿耨多羅三藐三菩提。	⑧三世諸佛。依般若波羅蜜多故。得阿耨多羅三藐三菩提。現成正覺

故知般若波羅蜜多。是大神咒。是大明咒。是無上咒。是無等等咒。能除一切苦。眞實不虚。	⑨故知般若波羅蜜多。是大眞言。是大明眞言。是無上眞言。是無等等眞言。能除一切苦。眞實不虚。
故說般若波羅蜜多咒 卽說咒曰 揭帝揭帝 般羅揭帝 般羅僧揭帝 菩提僧莎訶	⑩故說般若波羅蜜多眞言。卽說眞言 唵誐帝誐帝。播囉誐帝。播囉散誐帝。冒地娑縛賀
	⑪如是舍利子。諸菩薩摩訶薩。於甚深般若波羅蜜多行。應如是學。爾時世尊。從三摩地安祥而起。讚觀世音自在菩薩摩訶薩言。善哉善哉。善男子。如是如是。如汝所說。甚深般若波羅蜜多行。應如是行。如是行時。一切如來。悉皆隨喜。爾時世尊如是說已。具壽舍利子。觀世音自在菩薩及彼衆會一切世間天人阿蘇囉巘駄嚩等。聞佛所說。皆大歡喜。信受奉行

　　이렇게 현장 역의 소본과 지혜륜 역의 대본을 비교해 보면 보다 내용이 명확해집니다. 곧 소본『반야심경』은 대본『반야심경』의 도입부에 해당하는 ①②③④의 부분과 마무리의 결론부에 해당하는 ⑪의 부분이 생략된 것을 알 수 있습니다. 그리고 대본의 핵심 부분에 해당하는 내용

인 ⑤~⑩의 부분이 소본으로서 독립되어 이루어진 것을 알 수 있습니다. 곧 현장 역 소본은 대본『반야심경』의 핵심 내용을 그대로 옮겨 놓은 것입니다. 아마도 이러한 소본의 형태는 대본『반야심경』의 핵심 내용을 독송이나 암송 형태로 기억하기 위해 따로 독립시켜 경전으로 만든 것이라 할 수 있습니다.

그리고 여기의 비교에서 소본에는 없는 중요한 용어가 나타나는 것을 알 수 있습니다. 곧 ⑤에서 보듯 오온의 개념에 자성(自性)이라는 말이 나오는 것으로, '오온자성공(五蘊自性空)'이라고 표현되는 것입니다. 이것에 대해 소본에서는 단지 '오온개공(五蘊皆空)'으로만 나타나고 있습니다. 그리고 ⑥에서도 대본에는 '제법성상공(諸法性相空)'으로 나타나는 것이 소본에는 '제법공상(諸法空相)'으로 되어 있습니다. 대본의 번역에는 성(性), 즉 자성(自性)의 개념을 담아 번역하고 있는 것을 알 수 있습니다. 이 대본에 나타나는 자성이라는 용어는 상당히 중요하다고 생각합니다. 이 용어는 대본과 소본의 산스끄리뜨어 원본이나 다른 한역에서는 모두 나타나지만 현장 역에만 빠져 있습니다.『반야심경』이 만들어지던 시기에 이 자성이라는 용어는 상당히 중요한 철학적 의미를 가지고 있었기에 이 자성의 의미를 잘 알 필요가 있습니다.

그리고 ⑨에서 나타나듯 소본에서는 '주(兕, 呪)'라고 나타나는 것이 대본에서는 '진언(眞言)'으로 나타납니다. 이 주나 진언에 대해서는 현장 역이나 지혜륜 역에서는 크게 차이가 없는 것 같습니다. 곧 반야바라밀다를 주문으로 간주하고 또 반야바라밀다의 주문이 등장하는 것으로, 이것은 좀 더 살펴볼 문제라고 생각됩니다.

이렇게 대본과 소본의 『반야심경』을 비교하면 소본은 앞에서도 말했듯 대본의 핵심 내용만을 축약한 것으로, 핵심 내용인 반야바라밀다의 중요성은 그대로 간직하고 있습니다.

대본과 소본의 차이

대본과 소본이라는 두 가지 한역 『반야심경』의 차이는 다음 세 가지로 정리됩니다.

첫째, 대본 『반야심경』은 '여시아문(如是我聞)'으로 시작하여 부처님과 비구·보살 등이 등장한 후 '신수봉행(信受奉行)'으로 끝나는 전형적인 대승 경전이라는 점입니다. 대승 경전은 아함경(阿含經)과 같은 초기불교 경전에 나타나는 전통적인 구절인 '여시아문'을 그대로 쓰지만, 그 내용에는 아함경에 없는 보살들이 등장합니다. 대본 『반야심경』에서도 '대보살중(大菩薩衆)'으로 표현되는 보살승가(菩薩僧伽)가 등장하고, 관세음보살이 그 대표로 반야바라밀다에 대해 설하고 있습니다. 여기서 부처님은 관세음보살이 설법하는 동안 삼매에 들어갔다가 나중에 삼매에서 나와 관세음보살의 말을 인가(認可)하고 있습니다. 그리고 대본 『반야심경』에서는 모든 이가 그 가르침에 기뻐하며 '신수봉행'했다는 것으로 전체가 마무리 됩니다. 이와 같이 대본『반야심경』에서는 반야바라밀다의 가르침이 대승 경전의 체제 속에서 설해집니다. 이에 반해 소본『반야심경』에서는 대본에 있는 '여시아문(如是我聞)'으로 시작하는 도입부가 보이지 않고, 관세음보살이 반야바라밀다를 설하는 내용이 처음부터 나옵니다. '신수봉행'으로 끝나는 마무리 역시 보이지 않습니다. 이런 점에서 볼 때 소본은 대본의 핵심 내용만을 독송이나 암송 형태로 기억하기 위해 따로 독립시켜 하나의 경전으로 만든 것이라 할 수 있습니다.

둘째, 대본『반야심경』은 반야바라밀다가 선남자(善男子)·선녀인(善女人)이 배워야 할 내용임을 밝히고 있다는 점입니다. 대본『반야심경』에서 사리불은 관세음보살에게 반야바라밀다의 가르침을 요청하면서 선남자·선녀인이 어떻게 배우고 익혀야 하는지를 묻습니다. 여기에서 선남자·선녀인은 대승의 재가보살, 즉 재가의 불교도를 가리킵니다. 따라서 사리불의 질문은 재가의 불교도가 구체적으로 어떻게 반야바라밀다를 배워야 하는지를 묻는 것입니다. 관세음보살은 재가의 보살은 물론 출가의 보살이나 부처들도 이 반야바라밀다에 의지하여 깨달음을 얻었다고 말하고 있습니다. 이에 반해 소본『반야심경』에서는 반야바라밀다가 선남자·선녀인이 알아야 할 내용이라는 것이 나타나지 않습니다.

셋째, 대본『반야심경』은 반야바라밀다의 구체적인 내용이 오온으로 대표되는 제법(諸法)에 실체가 없다는 것, 즉 제법자성공(諸法自性空)을 분명히 이해하는 것임을 밝히고 있다는 점입니다. 대본『반야심경』에는 '오온(五蘊)' 다음에 '자성(自性)'을 붙인 '오온자성공(五蘊自性空)'이라는 표현이 나오며, 또한 '제법' 다음에 '자성'을 의미하는 '성(性)'을 붙인 '제법성상공(諸法性相空)'이라는 표현 역시 나옵니다. '제법성상공'에서의 '제법'으로는 오온 외에도 십이처, 십팔계, 십이연기, 사제 등이 열거됩니다. 대본『반야심경』은 이와 같은 방식으로 제법의 자성이 공하다고 주장합니다. 대본『반야심경』의 이러한 주장은 대승불교가 흥기하던 당시 가장 영향력이 큰 부파였던 설일체유부의 주장을 비판하는 것이었습니다. 설일체유부는 우리의 삶이 다양한 법들의 관계로 이루어지고, 그 법들은 고유한 자성을 갖는다고 주장했기 때문이지요. 대승불교는 제법의 자성이 공하다는 입장을 '반야바라밀다'라고 표현했으며, 이것이야말로 반드시 배우고 닦아야 하는 것이라고 강조했습니다. 대본『반야심경』에 나타나는 '자성'이라는 용어는 상당히 중요합니다. "『반야심경』은 왜 만들어졌을까?"라고 누군가가 묻는다면, "제법(諸法)의 자성(自性)이 공(空)한 것을 밝히기 위해서"라고 대답해도 좋을 정도입니다. 그래서 이 용어는 대본과 소본의 산스끄리뜨어 원본이나 현장 역을 제외한 다른 한역에서 모두 나타납니다. 하지만 현장 역 소본『반야심경』에는 '자성(自性)'이라는 말이 빠져 있습니다. 대본에 있는 '오온자성공(五蘊自性空)'과 '제법성상공(諸法性相空)'이라는 구절은 현장 역 소본에서는 각각 '오온개공(五蘊皆空)'과 '제법공상(諸法空相)'이라고만 되어 있습니다.

제법자성공

불교는 고따마 붓다의 종교적 체험 속에서 생겨났습니다. 불교는 붓다 당시의 종교였던 바라문교와는 전혀 다른 종교적 입장을 갖고 있었습니다. 그 대표적인 것이 무아설(無我說)입니다. 불교는 바라문교를 비롯한 대다수의 인도 종교에서 인정했던 유아설(有我說)의 핵심 개념인 아뜨만을 인정하지 않았고, 오히려 아뜨만이 없다는 주장을 펼쳤습니다. 그것이 바로 무아설입니다. 붓다가 깨달음의 종교적 체험 속에서 구체적으로 체득한 것이 연기법(緣起法)에 대한 자각이었습니다. 연기법이란 모든 것은 조건에 의해 생기는 것으로, 결코 독자적으로는 생겨나지 않는다는 이치입니다. 이것은 당시 바라문교에서 주장한 변치 않는 절대적인 존재인 브라흐만이나 아뜨만과 같은 개념을 부정하는 것이었습니다. 붓다는 이러한 연기법에 대한 자각에 근거하여 무아설을 주장했습니다. 바라문교에서 주장했던 브라흐만은 오늘날 많은 사람들이 신앙하는 '신'과도 같은 것인데, 무아설을 통해 이러한 신을 부정했다는 점에서 불교는 무신론(無神論)이라 할 수 있습니다.

따라서 불교는 절대 불변하는 궁극적인 존재로서의 신과 같은 개념에 의지하여 우리의 삶을 설명하지 않습니다. 대신 불교는 우리의 삶을 상세히 분석했으며, 그 결과 우리의 삶이란 어떤 요소들이 모여서 이루어진 것이라는 생각을 하게 되었습니다. 불교는 이 요소들을 법(法, dharma)이라고 불렀습니다. 불교가 보기에 우리의 삶이란 이 법들이 다수 모여서 서로 관계를 맺는 것을 통해 구성되는 것입니다. 『반야심경』에서 열거되는 오온, 십이처, 십팔계 등이 그러한 법의 예입니다.

그런데 붓다 열반 이후에 전개된 부파불교 시대에는 이 법을 실체로 여기는 부파도 있었습니다. 그 가운데 가장 대표적인 부파가 설일체유부였습니다. 이 부파는 제법을 구성하는 각각의 법에는 고정적인 자성이 있다고 주장했습니다. 변치 않는 본성이나 본질과 같은 실체적 개념으로서 자성을 가진 법들에 의해 우리의 삶이 유지된다는 생각이었지요.

이러한 생각에 맞서 『반야심경』은 우리 삶을 구성하는 다양한 제법은 고정적이고 변치 않는 자성을 갖지 않는다는 자성공을 강조합니다. 지혜륜 역 대본에 있는 '오온자성공(五蘊自性空)'과 '제법성상공(諸法性相空)'이라는 구절이 말하고자 하는 것이 바로 '제법자성공'입니다. 반야바라밀다 역시 다른 것이 아니라 이러한 공성을 통찰하는 정신적 지혜를 말합니다. 『반야심경』은 이를 통해 대승불교의 입장을 명확히 드러내고자 합니다.

한역 대본 『반야심경』이나 산스끄리뜨본 대본과 소본 『반야심경』에는 자성이라는 말이 나타납니다. 그리고 같은 소본이라 해도 현장 역과 달리 구마라집 역에는 자성에 해당하는 말이 있습니다. 구마라집 역 소본에는 명확하게 색·수·상·행·식 각각의 자성으로 뇌괴상(惱壞相)·수상(受相)·지상(知相)·작상(作相)·각상(覺相)을 들고 있습니다. 구마라집 역과 현장 역은 모두 소본이긴 하지만, 구마라집 역 소본이 오온의 자성에 대해 구체적으로 말하고 있는 반면, 현장 역 소본은 자성에 대해서 언급하지 않는다는 점이 이 두 한역본의 가장 큰 차이입니다. 여러 가지 『반야심경』 가운데 자성이라는 말을 쓰지 않는 것은 현장 역이 유일할 것 같습니다. 하지만 현장 역 소본 역시 제 법자성공의 사상을 담고 있는 것은 마찬가지입니다.

반야바라밀다는 주문인가

현장 역 소본 『반야심경』과 지혜륜 역 대본 『반야심경』은 반야바라밀다가 주문(呪文)이라고 말합니다. 현장 역 소본에서는 반야바라밀다를 대신주(大神呪, 가장 신비한 주문)·대명주(大明呪, 가장 지혜로운 주문)·무상주(無上呪, 위없는 최고의 주문)·무등등주(無等等呪, 견줄 바 없는 주문)라 하고, 지혜륜 역 대본에서는 반야바라밀다를 대진언(大眞言)·대명진언(大明眞言)·무상진언(無上眞言)·무등등진언(無等等眞言)이라고 합니다. 실제로 지금까지는 "아제 아제 바라아제 바라승아제 모지사바하"와 마찬가지로 반야바라밀다 역시 주문이라고 보는 것이 일반적이었습니다.

그런데 과연 반야바라밀다가 주문일까요? 일단 주문이라는 것은 마음속으로 잘 외우고 새겨야 하는 신앙의 대상입니다. 하지만 반야바라밀다는 그런 것이 아닙니다. 앞에서 말했던 바와 같이 『반야심경』은 반야바라밀다의 구체적인 내용이 '오온자성공' 내지 '제법성상공', 즉 오온을 비롯한 다양한 제법에 실체가 없다는 것을 정확히 이해하는 것임을 강조하고, 이 반야바라밀다의 지적 통찰을 통해 보살과 부처가 큰 깨달음을 얻었다고 말합니다. 이런 면에서 본다면 반야바라밀다는 깊은 사색과 사유를 필요로 하는 것이지, 주문과 같이 외우고 새겨야 하는 신앙의 대상이라고 하기는 어렵습니다.

이런 면에서 볼 때 『반야심경』에서 반야바라밀다가 주문으로 번역된 것은 문제가 있어 보입니다. 반야바라밀다를 단순히 주문으로만 간주하고 넘어갈 경우, 『반야심경』의 전체적인 취지를 올바로 파악하지 못하게 될 수 있습니다. 반야바라밀다는 『반야심경』의 중심 용어로서, 음미하고 숙고해야 할 깊은 뜻을 품고 있기 때문입니다. 이에 반해 반야바라밀다의 주문인 "아제 아제 바라아제 바라승아제 모지사바하"는 반야바라밀다를 배우고 이해하기 위해 애쓰는 사람들에게 용기와 격려를 주는 주문의 뜻으로 해석하는 것이 올바르다고 생각합니다. 보살이나 부처 또한 제법자성공의 반야바라밀다를 이해함으로써 깨달음을 얻었다고는 하지만, 막상 그 길을 따라 걷기 위해서는 확고한 의지와 엄청난 노력이 필요하니까요.

이렇게 반야바라밀다를 체득하고 이해하는 것이 불교의 목적인 열반으로 인도하는 길인 점을 분명히 하면, 이 반야바라밀다의 주문인 "아제 아제 바라아제 바라승아제 모지사바하"는 그 의미가 분명해집니다. 비록 불교 경전 번역의 역사에서 주문은 번역하지 않는다는 관례가 있더라도, 이 주문은 반야바라밀다를 실천해 열반에 도달하려는 사람들을 격려하고 성원하는 의미를 갖습니다. 그런 점을 감안하면 이 주문의 뜻은 "간 자여, 간 자여, 열반에 간 자여, 열반에 온전히 간 자여, 깨달음의 행운이 있으리!"라고 풀이하면 될 것 같습니다.

3

『반야심경』이
말하고자 하는 것은
무엇일까

행심반야바라밀다시

관자재보살이 깊은 반야바라밀다를 행할 때

觀自在菩薩 行深般若波羅蜜多時

『반야심경』은 "관자재보살이 깊은 반야바라밀다를 행할 때"라는 말로 시작합니다. 여기에서 '깊은 반야바라밀다를 행한다'는 말을 이해하기 위해서는 먼저 반야바라밀다가 우리의 정신 작용이라는 것을 염두에 둘 필요가 있습니다. 그리고 정신 작용이라고 하더라도 무엇을 생각하거나 사유하는 정도의 생각이 아니라 진리를 통찰하는 깊은 정신 작용이라는 것을 확실히 마음에 두어야 합니다. 이러한 진리를 통찰하는 정신 작용을 불교에서는 깨달음을 얻는다고 표현하기도 합니다. 다시 말해 "깊은 반야바라밀다를 행한다"는 것은 깨달음의 경계에 도달했다는 말과 같다고 할 수 있습니다. 그리고 이러한 깨달음의 경계를 반야바라밀다, 즉 지혜가 완성된 경계라는 말로 표현하는 것입니다. 따라서 반야바라밀다라는 말에는 불교의 목적인 깨달음을 완성한다는 뜻이 담겨져 있습니다.

반야바라밀다는 산스끄리뜨어로는 '쁘라즈냐 빠라미따(prajñā-pāramitā)'라고 합니다. 이 말의 소리 나는 음을 그대로 옮겨 '반야바라밀다'라고 번역한 것입니다. '쁘라즈냐'는 지혜, 곧 불교의 궁극적인 목적을 나타냅니다. 그리고 '빠라미따'는 그 말을 분석하는 방식에 따라 두 가지 뜻으로 이해될 수 있습니다. 먼저 '빠라미-따(pārami-tā)'라고 분석하면 '완성', '성취'라는 뜻이 됩니다. '빠라미따'를 이렇게 이해한다면 '쁘라즈냐 빠라미따'는 '지혜의 완성'이라는 뜻이 됩니다. 다음으로 '빠람-이-따(pāram-i-tā)'라고 분석하면 '저 언덕으로 갔다'라는 뜻이 되어 '도피안(到彼岸)'으로 번역됩니다. 여기에서 '저 언덕'이란 열반(涅槃), 해탈(解脫)의 경계로서 피안을 의미합니다. '빠라미따'를 이렇게 이해한다면 '쁘라즈냐 빠라미따'는 '지혜로서 열반에 도달했다'는 뜻이 됩니다. '빠라미따'를 어떤 식으로 이해하더라도 '쁘라즈냐 빠라미따'는 지혜의 통찰을 통해 깨달음을 얻었다는 뜻이 됩니다.

'지혜'라는 말을 이해하기 위해서는 전통적인 불교의

교학 체계로서 삼학(三學)이라는 개념을 알 필요가 있습니다. 삼학이란 진리에 이르기 위해 반드시 배워야 할 세 가지라는 말로, 계(戒)·정(定)·혜(慧)를 말합니다. 계, 즉 계학(戒學)이란 구체적인 계율을 잘 지키는 것을 말합니다. 재가불자가 지켜야할 오계(五戒)라든가 출가 수행자가 지켜야 할 다양한 계율을 철저히 지켜 우리의 몸과 마음을 청정하게 하는 것이지요. 이렇게 진리의 길에 나아갈 수 있는 몸과 마음의 상태를 만든 뒤 선정의 단계에 나아가는 것이 정, 즉 정학(定學)입니다. 깨달음에 이르기 위해서는 정신 집중이 필요합니다. 정신 집중을 통해 얻어지는 깨달음의 경계가 바로 지혜입니다. 혜학(慧學)은 이러한 지혜가 얻어지는 것을 확실히 아는 것을 뜻합니다.

삼학은 대승불교에 이르러서도 보살이 실천하는 육바라밀다로 나타납니다. 육바라밀다는 줄여서 육바라밀이라고도 하는데, 대승의 수행자인 보살이 실천해야 하는 보시·지계·인욕·정진·선정·지혜의 여섯 덕목을 말합니다. 보시란 아낌없이 주는 것을 말하고, 지계란 계율을 잘 지키는 것, 인욕이란 잘 참고 견디는 것, 정진은 부지런히 노력하는 것, 선정이란 정신 집중의 상태에 드는 것, 지혜란 삶의 진리를 통찰하는 것을 말합니다. 이 여섯 가지 실천 덕목 가운데 보시·지계·인욕·정진의 넷은 삼학 가운데 계학에 해당합니다. 그리고 선정은 정학에, 지혜는 혜학에 해당합니다. 육바라밀 가운데 지혜바라밀다가 다름 아닌 반야바라밀다입니다. 반야바라밀다는 깊은 선정의 상태에서 통찰되는 지혜의 경계입니다. 이것은 단순히 생각하고 판단하는 경계가 아니라, 그런 것들을 초월한 깊은 정신적 통찰의 경계입니다. 이것은 자신의 정신적 삶을 새롭게 바꿀 수 있는 체험적 경계라고도 할 수 있습니다. 위대한 종교 지도자가 진리를 깨닫는 경계로서 종교 체험을 언급하는 경우가 있는데, 그러한 체험이 따르는 정신적 경계가 바로 이 경계라고 할 수 있습니다. 따라서 지혜의 완성으로서의 반야바라밀다는 깨달음을 얻는 정신적 통찰의 경계라고 할 수 있습니다.

따라서 "관자재보살이 깊은 반야바라밀다를 행하고 있을 때"라는 구절은 "관자재보살이 지혜 완성의 깨달음의 경계에 있을 때"라는 뜻이 될 것입니다.

조견오온개공 도일체고액

오온이 모두 공하다는 것을 살펴보고, 일체의 고통과
재난에서 벗어났다.

照見五蘊皆空 度一切苦厄

『반야심경』은 관자재보살이 깊은 반야바라밀다를
행할 때 "오온이 모두 공한 것을 살펴보고, 일체의 고통과
재난을 벗어났다"고 말합니다. 앞에서 살펴봤던 '깊은 반
야바라밀다를 행할 때'라는 구절은 불교의 목적인 깨달음
의 경계에 이르렀을 때를 가리킵니다. 지금 살펴보는 구
절은 이 깨달음의 경계의 구체적인 모습을 '조견오온개
공', 즉 오온이 공하다는 것을 통찰하는 것으로 표현하고
있습니다.

그런데 이 부분에 해당하는 대본『반야심경』의 구절
인 '오온자성공(五蘊自性空)'을 떠올려보면, 여기서 말하는
공의 구체적인 대상이 자성임을 알 수 있습니다. '오온이

공하다'고 하는 것보다는 '오온의 자성이 공하다'고 하는 것이 그 의미가 보다 명확합니다. 공이라는 말은 부풀려져 비어 있는 상태를 가리키는 말로, 없다는 말과 의미가 같습니다. 그렇지만 무엇인가가 있다가 없다는 뜻이 아니라 본래부터 없다는 뜻입니다. 앞의 '오온자성공'의 의미도 공의 의미를 살려 번역해보면 "오온의 자성이란 본래 없다"라는 뜻이 됩니다. 이 오온자성공은 대승불교에서 강조되는 독특한 말로, 여기에는 중요한 의미가 함축되어 있습니다.

먼저 오온이라는 말은 불교의 독특한 사상적 입장을 담고 있습니다. 많은 사람들이 알고 있듯이 불교는 무아설(無我說)을 주장합니다. 무아설이란 산스끄리뜨어 '안아뜨마바다(anātmavāda)', 즉 '아뜨만이 없다'라는 말을 번역한 것입니다. 불교의 개조인 고따마 붓다가 살아 있을 당시 인도에서 아뜨만은 중요한 철학적 개념이었습니다. 아뜨만, 즉 자아(自我)라는 것은 우리 인간의 내면에 존재하면서 인간의 심신 기능 일체를 통괄하는 존재였습니다. 곧 인간이 알고 판단하고 지각하는 일체의 기능은 인간 내면에 존재하는 아뜨만에 의해 작동한다는 것이었습니다. 하물며 이 아뜨만은 인간이 죽은 이후에도 윤회의 주체가 된다고 했습니다. 또한 아뜨만은 알아야 하는 철학적 대상이기도 했는데, 아뜨만을 알면 일체의 고통에서 벗어나 해탈할 수 있다고도 했습니다.

인도철학의 대표적인 종교 문헌인 우빠니샤드(Upaniṣad)에 근거하는 베단따(Vedānta) 철학에서는 우주의 창조주인 브라흐만이 자신의 창조물 속에 내재하는 것을 아뜨만이라고 말합니다. 따라서 베단따 철학에서는 브라흐만인 범(梵)과 아뜨만인 아(我)가 같다는 범아일여(梵我一如)를 깨닫는 것이 해탈이라고 주장했습니다. 범아일여는 붓다가 살아 있던 당시에도 중요한 철학적 개념이었습니다. 따라서 붓다를 비롯한 당시의 종교 지도자들은 이에 대해 자신의 견해를 제시할 필요가 있었습니다. 붓다는 범아일여에 대해 당시 종교 지도자들 가운데 가장 혁신적인 입장을 가지고 있었습니다. 붓다는 존재하는 모든 것은 연기의 결과라는 연기의 법칙을 근거로 하여 무아설을 폈는데, 그의 무아설은 아뜨만뿐만 아니라 브라흐만까지도 부정하는 것이었기 때문입니다.

그렇다면 불교는 브라흐만이나 아뜨만과 같은 절대

적인 존재를 부정하는 대신 무엇을 주장했던 것일까요? 곧 불교는 존재하는 현상을 여러 다양한 법(法)들의 관계를 통해 설명했습니다. 불교의 다양한 법들 가운데 가장 먼저 교리적 개념으로 정리된 것은 오온이었습니다. 오온은 인도철학의 명색(名色, nāmarūpa) 개념에서 유래하는 것인 까닭에 불교에서도 가장 먼저 철학적 사유를 담아낼 수 있었습니다.

인도철학에서는 우주의 창조주인 브라흐만이 창조한 현상 세계를 '명색의 세계'라고 말합니다. 명색의 세계는 물질과 정신으로 이루어진 세계라는 말입니다. 인도철학에서 현상 세계를 지칭하던 명색이라는 개념이 불교에 들어와 오온으로, 즉 '명색'의 '색'은 색온으로, '명'은 수온·상온·행온·식온으로 확대되고 정리되었습니다. 따라서 물질과 정신이라는 명색의 개념이 정신적 작용을 하는 인간을 중심으로 한 물질적인 현상 세계를 아우르는 존재 일반의 개념으로 전개된 것이 오온인 것입니다.

오온은 존재하는 현상을 이루는 다섯 가지 온(蘊), 즉 색온(色蘊)·수온(受蘊)·상온(想蘊)·행온(行蘊)·식온(識蘊)을 말하며, '온'이라는 말을 생략하여 색·수·상·행·식이라고 표현하기도 합니다. 온이란 무엇인가 집합적으로 쌓여 있다는 뜻으로, 일종의 복수 개념을 나타냅니다. 여기에서 색이란 물질적이고 감각적인 대상으로, 곧 인간의 신체적인 요소나 인간을 둘러싼 물질적인 요소들을 가리킵니다. 색이 물질적인 요소인 것에 비해 수·상·행·식의 넷은 인간의 정신적인 요소를 가리킵니다. 수는 무엇인가를 느끼는 감수 작용, 상은 어떤 것을 떠올리는 표상 작용, 행은 심신의 움직임으로서의 형성 작용, 식은 사유하고 판단하는 인식 작용을 가리킵니다.

현상을 지칭하는 교리적 용어로서 오온은 무아설을 논증하는 데 사용되기도 합니다. 곧 오온 각각의 법을 아뜨만과 관계시켜, 색이 아뜨만인가, 수가 아뜨만인가 등의 물음을 전개하는 것입니다. 그리고 이러한 오온의 개념은 붓다가 살아 있을 당시 더욱 세밀하게 분석되어 정리됩니다. 그것이 『반야심경』에 나타나는 십이처, 십팔계 등의 교리적 용어입니다.

이렇게 불교는 브라흐만이나 아뜨만과 같은 절대적 존재를 인정하지 않는 대신 오온 등 제법의 개념으로 존재하는 현상을 분석하고 설명합니다. 제법의 개념은 시간이 지나면서 보다 엄밀하고 세밀하게 다듬어집니다. 대승불교가 일어나던 당시에는 불교 교단이 여러 부파들로 분열되어 있었다고 말했던 것 기억하시지요? 당시의 여러 부파 중 특히 영향력이 컸던 설일체유부 역시 그러한 작업을 수행했습니다. '설일체유부(說一切有部)'라는 이름에서도 나타나듯이 이 부파는 '일체는 존재한다[一切有]'고 주장했습니다. 여기에서 '일체가 있다'고 하는 것을 구체적으로 나타내는 개념이 자성입니다. 설일체유부는 과거·현재·미래의 삼세(三世)에 걸쳐 변하지 않고 항상 존재하는 법의 본성을 자성이라고 표현했습니다. 곧 존재하는 현상으로서의 제법 각각에는 변하지 않는 자성이 있다는 것입니다. 그러한 독특한 자성들이 있기에 제법은 각각의 차별성을 갖고 존재하며 우리의 삶을 유지 존속시킨다는 것입니다. 설일체유부는 존재하는 현상을 구성하는 다양한 요소로서의 제법을 총체적으로 정리하여 5위75법의 체계를 세웠습니다. 5위(位)란 제법을 색법(色法, 물질을 나타내는 법)·심법(心法, 인식 주체로서 마음의 법)·심소법(心所法, 마음의 작용으로 일어나는 법)·심불상응법(心不相應法, 마음과 관련 없이 작용하는 법)·무위법(無爲法, 인과관계를 떠난 법)의 다섯으로 구분한 범주를 가리키며, 이 5위의 범주에 75개의 법을 세운 것입니다. 5위75법은 초기불교 이래의 제법을 세밀하고 체계적으로 정리 분류한 것으로, 다음의 표를 참고하시기 바랍니다.

『반야심경』 가운데 '오온개공' 내지 '오온자성공'이라는 구절에서 언급되는 '공(空)'은 설일체유부의 바로 이러한 법 개념을 비판하는 것입니다. 설일체유부가 말했던 자성이 어떤 개념인지를 염두에 두지 않고 단순하게 오온개공을 이해하면 눈앞에 보이는 물질 내지 우리가 심신으로 느끼는 정신적인 작용 자체를 부정할 우려가 있습니다. 다시 말해 색에 대하여 공이라고 하는 것은 물질 일반에 대해 본질적인 실체가 없다는 뜻이지 실제 눈앞에서 감촉되는 물질이 아예 없다는 뜻이 아닙니다. 『반야심경』이 공이라는 개념을 통해 부정하고자 했던 것은 삼세에 실유하는 법의 본성으로서의 자성이라는 철학적 개념임을 명심해야 합니다. '오온개공'이라는 것도 오온으로서의 법이 공하다는 '오온자성공'의 의미인 것을 분명히 알아야 합니다.

반야바라밀다를 통찰해 공성을 체득한다는 것은 우

리 스스로가 삶에 대한 명확한 자기 확신을 갖는 것을 의미합니다. 이것은 자기가 하는 행위가 어떠한 의미인지를 분명히 알고 행동하는 것입니다. 자기 스스로가 책임을 갖고 그 인과(因果)의 관계에 확실한 의식을 갖는다면 삶의 순간순간을 주의 깊게 살펴볼 수 있습니다. 우리는 내 마음에 들지 않는 상황, 내가 받아들이기 힘든 상황, 내가 보기에는 모순으로 보이는 상황에 처하게 될 때 그것을 '나'의 고통으로 받아들입니다. 하지만 공성을 통찰하고 나면 실체로서의 '나'를 공(空)으로서의 '나'로 이해할 수 있게 됩니다. 이때 우리는 우리에게 주어진 상황에서 비롯되는 '일체의 고통과 재난에서 벗어나게' 됩니다.

제법(諸法)	유위법(有爲法)	색법	오근(五根), 오경(五境), 무표색(無表色)	11법	75법
		심법	심(心)	1법	
		심소법	변대지법(遍大地法) : 수(受), 상(想), 사(思), 촉(觸), 욕(欲), 혜(慧), 염(念), 작의(作意), 승해(勝解), 삼마지(三摩地)	46법	
			대선지법(大善地法) : 신(信), 근(勤), 사(捨), 참(慚), 괴(愧), 무탐(無貪), 무진(無瞋), 불해(不害), 경안(輕安), 불방일(不放逸)		
			대번뇌지법(大煩惱地法): 치(癡), 방일(放逸), 해태(懈怠), 불신(不信), 혼침(惛沈), 도거(掉擧)		
			대불선지법(大不善地法) : 무참(無慚), 무괴(無愧),		
			소번뇌지법(小煩惱地法) : 분(忿), 부(覆), 간(慳), 질(嫉), 뇌(惱), 해(害), 한(恨), 첨(諂), 광(誑), 교(憍)		
			부정지법(不定地法) : 악작(惡作), 수면(睡眠), 심(尋), 사(伺), 탐(貪), 진(瞋), 만(慢), 의(疑)		
		심불상응법	득(得), 비득(非得), 중동분(衆同分), 무상과(無想果), 무상정(無想定), 멸진정(滅盡定), 명근(命根), 생(生), 주(住), 이(異), 멸(滅), 명신(名身), 구신(句身), 문신(文身)	14법	
	무위법		허공(虛空), 택멸(擇滅), 비택멸(非擇滅)	3법	

[표] 5위75법

083

색즉시공

사리자여, 색은 공과 다르지 않고 공한 것은 색과 다
르지 않고, 색이야말로 공이며 공한 것이야말로 색이
다. 수·상·행·식도 또한 그와 같다
舍利子 色不異空 空不異色 色卽是空 空卽是色
受想行識亦復如是

아마도 『반야심경』에서 가장 유명한 구절이 색즉시
공(色卽是空), 즉 "색은 공하다"는 말일 것입니다. 예전에는
영화의 제목으로도 등장해 화제가 되기도 했습니다. 그렇
게 유명하고 널리 알려진 말임에도 불구하고 그 의미는
이해하기가 쉽지 않은 듯합니다. 색이나 공이 의미하는
바가 명확하더라도 그것이 '같다'라는 것에는 쉽게 수긍
하기 어려울 것 같습니다. 어쨌든 이 색즉시공이라는 말
은 매우 중요한 구절인 것은 물론이고, 그 출처인 『반야심
경』의 이름을 널리 알리는 역할도 했습니다.

그러면 색즉시공의 의미를 조금 더 자세히 살펴보겠습니다. 이미 말한 바와 같이, 색이라고 하는 것은 우리 삶 속에서 느끼고 만질 수 있는 물질 일반을 가리킵니다. 인간의 신체도 당연히 물질이라 할 수 있습니다. 이러한 물질 일반은 우리 삶을 구성하는 중요한 요소로서 이것을 '법(法)'이라고 부릅니다. 그런데 법으로서의 물질은 실제 눈으로 보고 만질 수 있는 물질이 아니라 언어로 표현된 철학적 개념으로서의 물질입니다. 철학적 개념으로서의 물질은 우리의 의식 속에서 물질 일반이라는 변치 않는 속성을 갖고 작용합니다. 그러한 변치 않는 속성을 자성이라고 하는데, 실체 혹은 본성이라는 의미로 이해해도 좋을 것 같습니다. 색즉시공이라는 말은 물질이라는 법, 즉 색에는 고유한 실체가 없다는 뜻입니다.

그렇기에 색즉시공이라는 말에는 고유한 실체를 갖지 않는 물질 일반에 집착하여 마음에 번뇌를 일으켜서는 안 된다는 뜻이 담겨 있습니다. 실제로 우리 주위에는 우리의 마음속에 집착을 불러일으키는 여러 가지 물질이나 대상들이 넘쳐납니다. 예를 들어 인연에 따라 사람을 만나는 경우를 상상해볼 수 있습니다. 아마도 인생에서 가장 큰 인연으로 사람을 만난 경우 그 사람의 삶이 바뀌는 경험을 할 수 있습니다. 그렇지만 그 인연이 순탄한 경우는 좋고 즐거운 일이지만, 인연이 어긋나고 힘들게 되면 상상할 수 없는 괴로움이 따르기도 합니다. 그러한 괴로움이 따르는 경우 만남의 대상인 사람에 의해 괴로움이 생긴 것이라 할 수 있습니다. 여기에서 사람을 대상화하면 물질, 곧 색에 의해 극단적인 괴로움을 느끼는 것입니다. 그렇지만 상황이 달라져 좋은 인연으로 바뀌게 되면 괴로움이 즐거움으로 변합니다. 동일한 감정이 괴로운 감정에서 행복한 감정으로 바뀔 수도 있습니다. 물론 그 반대도 가능합니다.

이렇듯 우리는 우리의 정신이 물질이나 주변의 대상에 의해 좌우되는 것을 경험합니다. 물론 이러한 경험은 색뿐만이 아니라 다른 정신 작용들이 합쳐져 이루어지는 것이지만, 그 핵심 대상으로서 색이 중요한 역할을 한다고 말할 수 있습니다. 이러한 물질적인 대상은 인간뿐만 아니라 자동차, 집, 보물 등등 다양하게 존재합니다. 만약 그러한 것들에 크게 관심이 없다면 그것을 못 가진다고 하더라도 번뇌가 일어나지 않습니다. 하지만 대부분의 우리는 그러한 것들에 집착하고, 그것을 소유하지 못하게 되면 많은 번뇌를 느끼게 됩니다. 인간이 세속적인 삶을 살아가면서 주위의 사물에 초연하기란 어려운 법이지요. 색즉시공은 그럼에도 불구하고 물질에 본질적인 실체가 없다는 것을 분명히 알아 주위의 물질 대상에 대해 초연할 수 있는 정신적 입장을 나타내는 것으로 이해해도 좋을 듯합니다. 구마라집 역의 소본 『반야심경』에서는 색의 자성을 뇌괴상(惱壞相)이라고 표현했는데, 이것은 괴로움을 일으키고 시간이 지나면 없어지는 속성을 갖는다는 말입니다. 색의 속성을 잘 표현한 말로, 색의 개념에 절대적인 실체가 없다는 것을 말하는 것이라 할 수 있습니다.

그렇다면 색 등의 법은 왜 자성을 갖는 실체가 아닌 것일까요? 이것은 대승불교 최초의 사상가인 나가르주나(Nāgārjuna, 龍樹, ca.150~250)의 『근본중송(根本中頌)』에 잘 설명되어 있습니다. 나가르주나는 반야경에 대한 주석서를 쓴 사상가로서, 그의 사상이 집약된 『근본중송』은 후대에 큰 영향을 끼쳤습니다. 그는 『근본중송』에서 제법에 대해 '가법(假法)'이라는 말을 사용합니다. 제법이라는 것은 실체가 아니라 방편 내지 임의의 존재에 불과하다는 의미이지요. 실체는 다른 어떤 요인에 의지할 필요 없이 그 자체로 독자적으로 존재하는 것이고, 따라서 자성을 갖습니다. 이에 비해 가법은 뭔가에 의존하여 존재하는 것이고, 따라서 자성을 갖지 않습니다. 나가르주나에 따르면 이러한 가법으로서의 제법이 서로 의존하여 이루어진 우리의 삶은 근본적으로 공(空)합니다. 이러한 공성을 정신적으로 확실히 알고 이해하는 것이 반야바라밀다라는 지혜 완성의 경계에서 드러나는 모습입니다. 『반야심경』 역시 가법으로서의 제법으로 이루어지는 현상 세계는 근본적으로 공하다고 말합니다.

불교에서 실체가 없다는 의미로서 사용하는 공이라는 용어가 다양한 제법의 개념과 관계된다는 것은 사실 쉽게 이해되는 것은 아닙니다. 우리의 사유는 모든 사물과 사건을 공으로 파악한 가운데 이루어지는 것이 아니라, 모든 사물과 사건을 실체화시킨 가운데 이루어지기 때문입니다. 우리는 물질로서의 색이 끊임없이 변해가는 것을 똑똑히 보면서도 자성을 가진 색이라는 법, 즉 변하지 않는 실체로서의 물질이라는 개념을 쉽게 떨쳐내지 못 합니다. 『반야심경』이 색이란 실체가 없는 공이라고 말하는 것은 우리의 삶에 주의를 기울여야한다는 뜻으로 이해될 수 있습니다. 우리가 살아가면서 경험하는 모든 현상은 끊임없이 변해갑니다. 하지만 우리는 그렇게 변해가는 현상을 변치 않는 개념으로 분석하고 판단하고 이해합니다. 한마디로 말해 우리는 우리의 삶에 충분히 주의를 기울이지 않은 채로, 즉 현상의 진정한 모습을 제대로 이해하지 못한 채로 살아가고 있습니다. 『반야심경』은 공이라는 개념을 통해 우리 주변에서 일어나는 다양한 삶에 더욱 주의를 기울여 스스로 고통에 빠지지 말라고 촉구합니다.

『반야심경』은 색즉시공, 즉 물질 일반인 색이라는 법이 실체적 본성을 갖지 않는 자성공(自性空)이고, 오온을 구성하는 나머지 네 가지, 즉 수·상·행·식이라는 법 역시 실체적 본성을 갖지 않는 자성공이라고 말합니다. 『반야심경』은 이렇게 오온이 모두 공하다고 말함으로써 오온으로 이루어진 우리의 존재와 현상 세계 또한 공한 것임을 이야기합니다. 이러한 공성의 통찰은 현상의 모습을 사유하고 판단하는 일상적인 수준의 의식에서가 아니라 현상의 본질을 꿰뚫어보는 최고 수준의 의식에서 이루어집니다.

불생불멸 불구부정 부증불감

사리자여, 이 제법의 공한 상태는 생기거나 없어지는
것도 없고, 더럽거나 깨끗한 것도 없고, 늘어나거나
줄어드는 것도 없다.

舍利子 是諸法空相 不生不滅 不垢不淨 不增不減

『반야심경』의 핵심 개념인 반야바라밀다는 지혜가
완성된 경계, 즉 제법을 통찰하여 공성을 체득한 경계를
말합니다. 이러한 경계는 우리의 깊은 의식 속에서 전개
되고, 따라서 우리의 모든 의식 상태를 바꿀 수 있는 계기
가 됩니다. "생기거나 없어지는 것도 없고, 더럽거나 깨끗
한 것도 없고, 늘어나거나 줄어드는 것도 없다(不生不滅 不
垢不淨 不增不減)"라는 말은 공성을 체득한 상태에 대한 묘
사입니다.

그런데 '불생불멸 불구부정 부증불감'이라는 말의 앞
에는 '이 제법의 공한 상태(是諸法空相)'라는 말이 주어로

나타나고 있습니다. 그렇기에 제법의 공한 상태가 '불생불멸 불구부정 부증불감'인 것입니다. 그렇다면 이 알쏭달쏭한 표현이 뜻하는 바는 무엇일까요. 아마도 그것은 공성의 체득이 이루어지는 궁극의 정신적 경계는 언설로서 표현할 수 없다는 뜻이 아닐까 합니다.

앞서 거론한 대승불교 최초의 사상가인 나가르주나는 그의 『근본중송』에서 붓다의 진리는 이제(二諦)로 표현된다고 말합니다. '두[二] 가지 진리[諦]'를 뜻하는 이제는 세속 언설로 표현되는 진리인 세속제(世俗諦)와 가장 궁극의 진리[第一義諦]인 승의제(勝義諦)를 말합니다. 이 두 가지 진리에 대하여 나가르주나는 "세속의 언설 습관에 의거하지 않으면 승의의 진리를 표현할 수 없고, 승의의 진리에 도달하지 않으면 열반에 이를 수 없다"고 말합니다. 두 가지 진리를 구분하는 이제설은 나가르주나 이후 대승불교의 철학에서는 중요한 개념이 됩니다.

이제설의 입장에 의거하면 '불생불멸 불구부정 부증불감'이라는 구절은 공성의 경계를 언설로서 표현한 것이라고 할 수 있습니다. 공성의 경계라는 것은 일반적으로 승의제에 해당하는 것으로 승의공이라고 말할 수 있는

데, 세속의 언설로서 승의공의 상태를 표현한 것이 '불생불멸 불구부정 부증불감'인 것입니다. 이렇게 부정의 언어가 사용된 것은 의식의 깊은 정신 상태인 승의공의 경계는 일반적인 언어로는 표현될 수 없음을 나타낸 것이라 할 수 있습니다. 따라서 승의공의 상태는 '생긴다', '없어진다'와 같은 상대적인 언설의 개념을 떠나 있기에 '생기지 않다', '없어지지 않다'라고 표현하는 것이고, '더럽다', '깨끗하다'나 '늘어나다', '줄어들다'와 같은 상대적인 언설의 개념을 떠나 있기에 부정으로 표현하는 것입니다. 개념을 동원한 언설의 표현으로는 언설을 초월한 공성의 경계를 온전히 나타낼 수 없는 법입니다.

부정의 언어를 사용한 유명한 사례로 나가르주나의 『근본중송』서두의 귀경게(歸敬偈)에 나오는 팔불(八不), 즉 '불생불멸(不生不滅) 불상부단(不常不斷) 불일불이(不一不異) 불래불거(不來不去)'라는 구절을 들 수 있습니다. 이 표현은 나가르주나가 연기를 표현하기 위해 쓴 것입니다. 연기는 조건에 의해 발생이 일어난다는 법칙입니다. 이 법칙에 따르면 어떤 순간에 어떤 것이 발생하는 것은 어떤 원인으로서 조건이 작용한 결과이며, 또 이 결과로서 생긴 것은 다음 순간에 결과로서의 또 다른 어떤 것을 발생시키는 조건이 됩니다. 달리 말해, 모든 것은 반드시 어떤 조건의 결과일 수밖에 없고, 또 그 결과 또한 다른 것을 생기게 하는 조건이 됩니다. 그렇게 모든 것들이 서로 조건이 되고 결과가 되는 인과의 연쇄로 이어지면서 현상 세계라는 끝없는 흐름이 만들어집니다. 이런 흐름 속에서 본다면 조건과 결과의 관계라는 것은 생기는 것도 사라지는 것도 아닙니다. 항상하는 것도 단절된 것도 아니고, 같은 것도 다른 것도 아니며, 오는 것도 가는 것도 아닙니다. 따라서 이런 연기의 세계에는 고정된 실체가 없으며, 이런 세계를 드러내는 데는 부정의 언설이 요구되는 것입니다. 여덟 가지 부정으로 이루어진 나가르주나의 팔불은 연기적인 작용으로 실체의 개념이 사라진 공성의 경계를 구태여 언설로 표현하려고 할 경우 결국 부정의 형태로밖에 표현될 수 없음을 보여줍니다.

　　언설로서 진리를 표현하는 것이 어려운 까닭에 동아시아의 선불교(禪佛敎)에서는 다양한 방식으로 그 진리의 경계를 표현합니다. 소리를 지르는 할(喝)이나 막대기로 때리는 방(棒)과 같은 표현 방식도 진리를 드러내는 한 형태라고 할 수 있습니다. 선불교는 언설의 경계를 뛰어넘은 진리의 세계가 얼마나 다양한 방식으로 드러날 수 있는지를 잘 보여준다고 생각합니다. 언설의 대상이 될 수 없는 진리의 경계를 과연 어떻게 표현할 것이냐의 문제는 모든 종교의 중요한 테마라고 생각됩니다.

　　부정적인 언설로 표현되는 공성의 경계는 실체 개념이 사라진 경계를 가리키는 것으로, 이것은 연기법의 통찰로 무아의 개념을 명확히 아는 것과 상통합니다. 붓다의 근본 가르침으로 전승된 연기법과 무아설이 대승불교에 이르러서는 반야바라밀다의 공성의 체득으로 나타난 것입니다. 따라서 반야바라밀다의 실천으로서의 공성이라는 개념에는 연기와 무아에 대한 붓다의 전통적인 가르침이 이어지고 있습니다. 그리고 대승불교도들은 이러한 공성의 체득이 이루어지는 실천 방식을 보살들이 실천하는 육바라밀의 체계로 구축했습니다. 이것은 일상의 삶을 살면서도 항상 공성의 체득을 통해 붓다와 같은 언행(言行)을 실천할 수 있다는 것을 보여줍니다. 특히 대본『반야심경』에 나타나듯 반야바라밀다는 재가의 불교도들도 실천 가능한 것이기에 우리들도 좀 더 확고한 깨달음의 목표를 새워 수행 정진하도록 노력해야겠습니다.

무

그런 까닭에 공한 상태에는 색도 없고, 수·상·행·식도 없다.

거기에는 안·이·비·설·신·의도 없고,

색·성·향·미·촉·법도 없고,

안계도 없고 나아가 의식계도 없다.

무명도 없고 무명이 없어졌다는 것도 없고, 나아가 노사도 없고 노사가 없어졌다는 것도 없다.

괴로움, 괴로움의 원인, 괴로움의 소멸, 괴로움 소멸의 길이라는 것도 없고, 완전히 아는 것이나 얻어지는 것도 없다.

是故空中無色 無受想行識

無眼耳鼻舌身意

無色聲香味觸法

無眼界 乃至 無意識界

無無明 亦無無明盡 乃至 無老死 亦無老死盡

無苦集滅道 無智 亦無得

『반야심경』에서는 제법에 속하는 여러 개념들을 나열하면서 이것이 모두 '없다[無]'고 말합니다. 여기에는 대승불교가 일어날 당시 가장 중시되었던 여러 개념들을 공성의 입장에서 정확히 설명하고자 했던 뜻이 담겨 있습니다. 여기서 '없다'는 말이 뜻하는 바는 제법의 실체, 즉 자성이 없다는 것입니다. 이 '없다'는 말을 제법 그 자체가 아예 없다는 말로 이해하면 안 됩니다. 그렇게 할 경우 자칫 현실의 구체적인 현상을 부정하게 될 수 있습니다.

예를 들면 지금 눈앞에 사과가 있는 것을 우리는 "저기 사과가 있다"라고 말합니다. 이때의 사과는 개별적인 사물, 실제 먹을 수 있는 과일로서의 사과입니다. 그렇지만 실체로서 사과를 부정한다는 것은 이 눈앞의 사과를 부정하는 것이 아니라, 배나 감이나 수박 등 다른 과일과 차이를 갖는 고정된 개념으로서의 사과를 부정하는 것을 의미합니다. 이러한 개념적인 사과는 시간에 따라 변하거나 없어지는 것이 아닙니다. 이렇게 변치 않는 개념으로서의 사과를 상정하는 것이 곧 실체로서의 사과를 상정하는 것입니다. 따라서 『반야심경』에서 갖가지 법들이 '없다'고 하는 것은 그 법들이 현실적으로 아예 없다는 뜻이 아니라, 실체라고 상정된 본성으로서의 법이 없다는 뜻입니다. 우리의 삶을 형성하는 제법은 실체적 속성으로서의 법이 아니라 방편적이고 서로간의 약속으로 형성된 가법임을 알리는 것이 『반야심경』의 본뜻입니다.

사과를 예로 들었지만 우리는 '신'이라든가 '아뜨만' 등과 같이 변치 않는 본질이 상정된 개념들을 가지고 언어 생활을 영위합니다. 우리 주변을 둘러보면 그러한 개념으로 표현되는 대상을 절대화하고 신앙하는 사람들이 많이 있음을 알 수 있습니다. 하지만 불교는 어떤 것을 변치 않는 본질이 상정된 개념으로 표현하는 것을 비판하고 부정합니다. 불교는 삶을 구성하는 여러 가지 사물들을 고정된 개념을 통해 설명하는 대신, 여러 가지 법들이 서로 영향을 주고받는 연기적인 관계를 통해 설명합니다.

『반야심경』에서 언급되는 제법, 즉 삶을 구성하는 다양한 요소들은 크게 다음과 같은 여섯 가지 범주로 나눌 수 있습니다.

오온(五蘊) :

색·수·상·행·식

십이처(十二處) :

안·이·비·설·신·의 (육근)

색·성·향·미·촉·법 (육경)

십팔계(十八界) :

안·이·비·설·신·의 (육근)

색·성·향·미·촉·법 (육경)

안식·이식·비식·설식·신식·의식 (육식)

십이연기(十二緣起) :

무명·행·식·명색·육입·촉·수·애·취·유·생·노사

사제(四諦) :

고성제·집성제·도성제·멸성제

지(智), 득(得)

그러면 이 여섯 가지 범주들 각각에 대해 차례로 살펴보겠습니다.

오온(五蘊)

오온은 앞에서 말했듯이 현상계를 지칭하는 인도철학의 명색(名色) 개념이 불교에 들어와 정리된 것입니다. 명색은 인간의 정신적 작용과 물질적 대상을 가리킵니다. 이 가운데 인간의 정신적 작용인 '명'은 네 가지로 세분되어 오온 가운데 수(受)·상(想)·행(行)·식(識)이 되었고, 물질적 대상인 '색'은 그대로 유지되어 오온 가운데 색이 되었습니다. 따라서 오온의 색은 인간의 육신을 포함한 물질적 요소와 인간을 둘러싼 세계 일반을 가리키며, 수는 감수 작용, 상은 표상 작용, 행은 심신의 움직임으로서 형성 작용, 식은 대상을 구분해 아는 인식 작용을 가리킵니다. 결국 오온은 인간의 심신 작용 일체와 주변의 세계를 통칭한 말이라 할 수 있습니다. 이 다섯 가지 법 각각에 대해 '온(蘊)'이라는 말이 붙기 때문에 이것들을 '오온'이라고 부릅니다. 『반야심경』은 "색도 없고, 수·상·행·식도 없다"라고 함으로써 오온에 속하는 법들은 모두 실체가 아니라고 말합니다.

십이처(十二處)

십이처는 오온을 더욱 세분화시킨 것입니다. 십이처도 오온과 동일하게 인간과 인간을 둘러싼 세계를 지칭하는 말입니다. 십이처는 크게 육근(六根)과 육경(六境)으로 나누어집니다. 이 가운데 육근은 인간의 주관적 감각 기능인 안(眼)·이(耳)·비(鼻)·설(舌)·신(身)·의(意), 즉 눈·귀·코·혀·몸·인식의 기능을 말합니다. 그리고 육경은 이 여섯 가지 감각 기능에 대응하는 감각 대상으로서 색(色)·성(聲)·향(香)·미(味)·촉(觸)·법(法), 즉 물질·소리·냄새·맛·감각·인식대상을 말합니다. 육근(六根)·육경(六境)을 구성하는 각각의 법, 그러니까 총 열두 가지 법에 대해서 '처(處)'라는 말이 붙기 때문에 이것들을 '십이처'라고 부릅니다. 『반야심경』은 이러한 십이처에 속하는 여러 법들 역시 실체로 보지 말라는 의미에서 그것들이 모두 '없다'고 말합니다.

십팔계(十八界)

십팔계는 십이처를 더욱 세분화시킨 것입니다. 십팔계는 십이처를 구성하는 육근(六根)·육경(六境)에 육식(六識)을 더한 것입니다. 육식이란 안식(眼識)·이식(耳識)·비식(鼻識)·설식(舌識)·신식(身識)·의식(意識)입니다. 육근(六根)·육경(六境)·육식(六識)을 구성하는 각각의 법, 그러니까 총 열여덟 가지 법에 대해서 '계'라는 말을 붙이기 때문에 '십팔계'라고 부릅니다. '계(界)'라는 말은 성분, 요소, 장소 등의 의미를 갖습니다.

십이처와 마찬가지로 십팔계 역시 우리의 삶을 크게 주관적 요소와 객관적 요소로 나눕니다. 주관적 요소는 감각 기관인 육근과 감각 기능인 육식이며, 객관적 요소는 감각 대상인 육경입니다. 십이처에서는 그냥 주관적 감각 기능만 있었는데, 십팔계에서는 주관적 요소로서 감각 기관과 감각 기능이 따로 구분된 것을 알 수 있습니다. 십팔계의 가르침은 우리의 삶이 결국은 이러한 법들이 맺는 관계 속에서 이루어지는 것임을 말하고 있습니다. 십팔계의 구성을 정리해보면 다음과 같습니다.

육근	육경	육식
시각 기관(안계)	물질(색계)	시각 기능(안식계)
청각 기관(이계)	소리(성계)	청각 기능(이식계)
후각 기관(비계)	냄새(향계)	후각 기능(비식계)
미각 기관(설계)	맛(미계)	미각 기능(설식계)
신체 기관(신계)	감촉 대상(촉계)	신체 기능(신식계)
인식 기관(의계)	인식 대상(법계)	인식 기능(의식계)

불교는 인간이 경험하는 세계를 그 자체로서 존재하는 세계라기보다는 경험된 세계라고 봅니다. 따라서 그러한 경험을 만드는 기반이 되는 감각 기관, 감각 기능, 감각 대상을 분석함으로써 이 세계를 설명하고자 합니다. 십팔계에서 보듯, 불교는 이러한 관점에서의 세계 분석을 정치하게 수행합니다. 세계에 대한 불교의 설명은 종교적 태도에만 입각한 것이 아니라 과학적 태도에도 입각한 것이라고 말할 수 있습니다.

『반야심경』은 십팔계에 속하는 열여덟 가지 법들 역시 실체가 없는 가법임을 알아야 한다고 말합니다. "안계도 없고 나아가 의식계도 없다"는 말이 바로 그것입니다.

십이연기(十二緣起)

십이연기는 원인과 결과로서 순차적으로 작용하는 열두 가지 법, 즉 무명(無明)·행(行)·식(識)·명색(名色)·육입(六入)·촉(觸)·수(受)·애(愛)·취(取)·유(有)·생(生)·노사(老死)로 구성된 연기의 법칙을 말합니다. 이 열두 가지 법 가운데 앞에 나오는 법은 뒤에 나오는 법의 원인이 되고, 뒤에 나오는 법은 앞에 나오는 법의 결과가 됩니다. 즉 무명은 행의 원인이고, 행은 무명의 결과가 됩니다. 생은 노사의 원인이 되고, 노사는 생의 결과가 됩니다.

십이연기를 구성하는 열두 가지 법 가운데 맨 앞에 오는 것은 무명입니다. 무명은 인간의 깊은 의식 속에서 근원적으로 영향을 미치고 있는 무지(無知)를 말합니다. 이것은 인간으로 하여금 진리를 알 수 없게 만드는 원천이라 할 수 있습니다. 아쉽게도 인간은 이러한 근본적인 무지에 사로잡힌 상태에서 살아갑니다. 이 근본적인 무지로서의 무명이 작동하는 것이 무명 다음에 위치하는 행입니다. 그 행으로 인해 내면의 의식 작용 일반(식·명색·육입)이 작동하여 현실적인 관계(촉·수)에서 욕망이 생겨나(애·취·유) 고통의 세계(생·노사)가 전개된다고 합니다.

십이연기는 인간의 윤회와 해탈을 설명하는 초기불교의 대표적인 교리입니다. 윤회를 설명하고자 할 때는 십이연기를 유전(流轉)연기로 해석합니다. 이것은 이 열두 가지 법 가운데 마지막에 위치하는 노사, 즉 늙음과 죽음이라는 것이 어떻게 일어나는지를 설명하는 방식입니다. 이에 따르면 진리에 무지한 나머지 무명이 일어나면 행이 일어나고, 행이 일어나면 식이 일어나고, 이러한 '일어남'이 순차적으로 이어지면서 결국에 노사가 일어난다고 합니다. 이렇게 될 때 인간은 윤회를 경험하게 됩니다. 반대로 해탈을 설명하고자 할 때는 십이연기를 환멸(還滅)연기로 해석합니다. 이것은 노사, 즉 늙음과 죽음이라는 것이 어떻게 사라지는지를 설명하는 방식입니다. 이에 따르면 진리에 눈을 떠서 무명이 사라지면 행이 사라지고, 행이 사라지면 식이 사라지고, 이러한 '사라짐'이 순차적으로 이어지면서 결국에 노사가 사라진다고 합니다. 이렇게 될 때 인간은 윤회의 굴레에서 벗어나 해탈을 경험하게 됩니다.

　　이 십이연기와 관련해서도 『반야심경』은 '무무명 역무무명진 내지무노사 역무노사진(無無明 亦無無明盡 乃至無

老死 亦無老死盡)'이라고 하여 각각의 법을 실체로 보아서
는 안 된다고 말합니다. '무명도 없고 노사도 없다'는 것은
노사의 고통이 일어남을 설명하는 유전연기로서의 각각
의 법이 실체가 없다는 말입니다. '무명이 없어졌다는 것
도 없고 노사가 없어졌다는 것도 없다'는 것은 노사의 사
라짐을 설명하는 환멸연기로서 각각의 법 역시 실체가 없
다는 것을 말합니다. 결국 공성의 관점에서 본다면 십이
연기를 구성하는 각각의 법 역시 실체로 보면 안 되고 실
체가 없는 가법으로 보아야 한다는 뜻입니다.

사제(四諦)

『반야심경』은 불교의 가장 중요한 교리 중의 하나인 사제
(四諦)에 대해서도 실체적으로 이해해서는 안 된다고 말
합니다. 사제의 가르침은 고제(苦諦)·집제(集諦)·멸제(滅
諦)·도제(道諦)를 말하며, 붓다가 깨달음을 얻은 뒤 다섯
비구에게 설한 최초의 가르침, 즉 초전법륜(初轉法輪)으로
서 매우 중시됩니다.

　　고제는 고통에 대한 진리입니다. 이것은 우리의 삶은
곧 고통의 세계라는 가르침입니다. 초기불교에서는 이 고

통을 생(生)·노(老)·병(病)·사(死)의 사고(四苦)에 애별리고(愛別離苦)·원증회고(怨憎會苦)·구부득고(求不得苦)·오취온고(五取蘊苦)를 더하여 총 팔고(八苦)로 구분하고 있습니다. 생·노·병·사는 태어남·늙어감·병듦·죽음을 가리킵니다. 애별리고는 사랑하는 것과 이별하는 고통, 원증회고는 원한을 품고 증오하는 것과 만나는 고통, 구부득고는 원하지만 얻지 못하는 고통, 오취온고는 우리 존재인 오온에 자아가 있다고 집착하는 고통을 말합니다. 이 여덟 가지 가운데 생, 즉 태어남이 고통이라고 하는 것은 생각할 여지가 있을 것 같습니다. 다른 일곱 가지 고통은 태어난 이후에 인간이 겪는 고통이지만 생은 태어남의 인연을 준 부모와 관련이 있기 때문입니다. 태어남을 고통으로 간주하는 것은 다른 모든 고통이 인간으로서 태어난 것을 그 출발점으로 하기 때문이라고 이해하면 될 것 같습니다. 이렇게 우리의 삶이 고통으로 가득 차 있다는 것을 분명히 직시하라는 가르침이 고제입니다.

집제는 고통의 원인에 대한 진리입니다. 이것은 우리가 현실을 고통으로 느끼는 것에는 원인이 있다는 가르침입니다. 집제의 '집(集)'이 원인이라는 뜻입니다. 삶을 고통으로 느끼게 되는 구체적인 원인은 애욕(愛欲), 갈애(渴愛)입니다. 이것은 욕망, 갈망 등의 마음 작용입니다. 즉, 우리는 끝없는 욕망에 사로잡혀 있기 때문에 삶을 고통스럽게 느끼게 된다는 것이지요. 집제는 이러한 우리의 마음 작용을 명확히 인식하라는 가르침입니다.

멸제는 고통의 소멸에 관한 진리입니다. 이것은 우리가 삶에서 경험하는 고통도 그 원인을 정확히 알면 없어진다는 가르침입니다. 멸제는 진리를 깨닫게 되면 고통이 없어진 경지, 곧 열반에 도달할 수 있다는 가르침입니다.

도제는 고통의 소멸에 이르게 하는 길에 대한 진리입니다. 이것은 열반의 경지에 도달하기 위해 삶 속에서 실천해야 할 것들에 대한 가르침입니다. 도제의 구체적인 내용으로 제시된 것이 팔정도(八正道)입니다. 팔정도는 정견(正見)·정사(正思)·정어(正語)·정업(正業)·정명(正命)·정근(正勤)·정념(正念)·정정(正定)을 말합니다. 여기에서 정견은 올바른 견해로서 바른 가치관을 말합니다. 그리고 정사는 올바른 생각, 정어는 올바른 말, 정업은 올바른 행동, 정명은 올바른 생활, 정근은 올바른 노력, 정념은 올바른 주의력, 정정은 올바른 정신 집중을 의미합니다.

『반야심경』은 이러한 가르침에 대해서도 '무고집멸도(無苦集滅道)'라고 말합니다. 즉 사제 하나하나 역시 실체가 아니라 가법으로 이해해야 한다는 것이지요.

지(智), 득(得)

『반야심경』은 지(智)와 득(得) 역시 없다고 말합니다.

『반야심경』에서 말하는 '무지(無智)', 즉 지혜가 없다는 것은 지혜 역시 실체가 없다는 것을 말한다고 생각합니다. 여기서 지혜라는 것은 부파불교에서 성자로서 간주된 아라한(阿羅漢)들의 지혜라고 생각됩니다. 지금도 아라한들이 불교 교단의 핵심을 차지하는 남방불교에서는 출가자와 재가자를 명확히 구분합니다. 그렇지만 대승불교에서는 출가자와 재가자를 형태적으로는 구분하지만 정신적으로는 크게 구분하지 않습니다. 여러 가지 인연의 작용으로 인해 얼마나 빨리 진리에 나아가게 되느냐의 차이는 있을 수 있지만, 진리를 이해하는 인간의 근본 능력 자체는 출가자와 재가자가 다르지 않다고 생각하기 때문이지요. 이렇게 본다면 아라한의 것으로 정해진 지혜가 따로 있는 것은 아니게 됩니다. 이것은 곧 재가의 불교도

역시 진리를 얻기 위해 노력할 수 있고, 결국에는 진리를 체득할 수 있다는 뜻이기도 합니다. 지혜가 없다, 즉 '완전히 아는 것이 없다'는 『반야심경』의 가르침은 진리의 길이 누구에게나 열려 있다는 중요한 메시지를 포함한다고 할 수 있습니다.

'무득(無得)'에서 '득'은 부파불교 중 설일체유부에서 제시하는 제법 가운데 하나로서 중요한 의미를 갖습니다. 득은 어떠한 상황을 만들어내는 작용을 의미합니다. 예를 들어 어떤 중생이 아라한이 되었다고 할 때, 그 중생을 아라한으로 만든 어떤 요소가 생긴 것을 '득'이라 표현합니다. 득과 반대되는 것으로 '비득(非得)'도 있습니다. 예를 들어 어떤 아라한이 중생으로 떨어졌다고 할 때, 그 아라한을 아라한이게끔 하는 어떤 요소가 사라진 것을 '비득'이라 표현합니다. 『반야심경』은 이 '득'이라는 것 역시 실체가 있는 것이 아니라고 말합니다. 득이 실체가 없는 것이라면 그 득에 기반하여 규정된 아라한이라는 정체성 역시 실체일 수 없게 될 것입니다. 이러한 식으로 『반야심경』은 공성에 의거한 유연한 정신적 자세가 중요하다는 것을 강조합니다.

구경열반

그렇게 얻어지는 것이 없는 까닭에, 보살은 반야바라밀다에 의지하여 마음에 걸림이 없고, 걸림이 없는 까닭에 두려움이 없고 잘못된 견해를 멀리 떠나 마침내 열반에 도달한다.

以無所得故 菩提薩埵 依般若波羅蜜多故 心無罣礙 無罣礙故 無有恐怖 遠離顛倒夢想 究竟涅槃

『반야심경』은 반야바라밀다의 행이 보살들로 하여금 궁극의 열반, 즉 구경열반(究竟涅槃)에 이르게 한다고 말합니다. 반야바라밀다의 행이라는 것은 제법의 공성을 체득하는 것입니다. 이것은 달리 말해 연기의 이법에 투철해져서 자아가 없는 마음의 상태를 갖는 것으로 이해해도 좋을 것 같습니다. 만약 자아에 대한 의식이 있다면 자아를 지키고, 보존하고, 소중하게 생각하는 마음이 생겨날 것입니다. 또 자아에 대한 의식은 자신만이 우월하다는 마음으로 발전할 수도 있습니다. 불교에서는 자아 역시 모든 것이 관계하는 연기의 이법(理法) 속에 있는 것일 뿐 그 자체로 홀로 존재하는 절대적인 것은 아니라고 말합니다. 이 반야바라밀다의 행을 통해 우리는 "마음에 걸림이 없고, 걸림이 없는 까닭에 두려움이 없고 잘못된 견해를 멀리 떠나"게 되며 마침내는 궁극의 열반에 이르게 됩니다.

『반야심경』에서 이러한 열반의 경계에 이르는 주체로 언급되는 '보살'은 대승의 불교도를 뜻합니다. 대승불교에서 보살은 일반적으로 출가보살과 재가보살로 구분됩니다. 관자재보살이나 문수보살과 같은 분은 출가보살이지만, 가정생활을 하며 속세에 머무는 불교도는 재가보살입니다. 보살이 공성의 경계를 얻고 열반에 이른다는 것은 출가보살뿐만 아니라 재가보살 또한 열반을 얻을 수 있다는 의미가 될 것입니다.

반야바라밀다는 삶 속에서 실천해야 할 덕목들인 육바라밀 가운데 지혜바라밀이기도 합니다. 보살의 반야바라밀다는 정신적인 통찰로만 머물러서는 안 되고, 일상의 삶으로 실현되어야 합니다. 달리 말해 보살은 현실의 삶을 살아가면서도 반야바라밀다의 경계와 늘 함께하기 위해 끊임없이 주의를 기울이고 노력해야 합니다. 반야바라밀다의 경계를 통해 자신을 늘 새롭게 하고, 또 그렇게 새로워진 자신을 통해 반야바라밀다의 경계에 보다 잘 머무르는 선순환을 이룰 수 있다면 그것이야말로 바람직한 일이 될 것입니다.

아뇩다라삼먁삼보리

과거·현재·미래의 부처들도 반야바라밀다에 의지
하여 최고의 깨달음의 경계에 도달한다.

三世諸佛 依般若波羅蜜多故 得阿耨多羅三藐三
菩提

『반야심경』은 보살뿐만 아니라 이미 붓다가 된 이
들 역시 반야바라밀다의 행을 통해 최고의 깨달음인 아
뇩다라삼먁삼보리(阿耨多羅三藐三菩提)를 얻었다고 말합
니다. 아뇩다라삼먁삼보리는 범어 '아누따라삼약삼보디
(anuttara[無上]-samyak[正等]-saṁbodi[正覺])'를 옮긴 말로, 무
상정등정각(無上正等覺), 즉 최고의 깨달음을 의미합니다.
그런데 여기에는 좀 더 생각할 점이 있습니다. 이미 붓다
가 된 분들이 새삼스럽게 또 반야바라밀다의 행을 통해
최고의 깨달음을 얻을 필요가 있을까요? 여기서 말하고
자 하는 것은 이미 붓다가 된 이들 역시 반야바라밀다를

지속적으로 실천함으로써 최고의 깨달음이라는 정신적 경계를 확인하고 지켜야 한다는 것이 아닐까 합니다. 정 각의 체험은 한 순간의 체험이 아니라 지속적으로 이루어 지는 가운데 그 의미를 갖는다고 할 수 있으니까요. 이런 면에서 반야바라밀다의 행은 이미 붓다가 된 이들에게도 최고의 깨달음의 경계를 유지시키는 중요한 실천행인 것 을 알 수 있습니다.

4

『반야심경』에서
우리는
무엇을 배울 수 있을까

실체 개념의 해체

"신은 죽었다."

이 말은 서양의 철학자 니체(Friedrich Wilhelm Nietsche, 1844~1900)가 자신의 사상적 입장을 반영해 쓴 말로 전 세계적으로 알려진 말입니다. 니체는 오랜 기간 서양 종교 문화의 핵심 개념으로서 받아들여진 신을 인정하지 않는 대신 초인(超人)이라는 새로운 개념을 제시하고, "신은 죽었다"라는 말로써 서양의 오랜 종교적 전통을 되돌아보는 계기를 만든 것으로 유명합니다. 다시 말해 니체에 의해 서양의 종교 철학 전통에서 신을 새롭게 조명하는 계기가 만들어졌다고 할 수 있습니다. 그렇지만 신이 죽었다고 말함으로써 신을 부정한다 해도, 신이라는 개념은 서양의 사상적 문화를 지탱해온 중요한 개념인 것은 물론 동서양을 막론하고 인류의 역사와 함께하는 종교 철학의 핵심 개념입니다.

우리들이 『반야심경』에 나타나는 공의 개념을 이해하는 입장에서는 이 신의 개념을 염두에 두면 그 이해가 조금은 쉬울 듯합니다. 그렇지만 『반야심경』에서 강조하는 공의 입장을 신의 개념과 대비해 이해하는 것은 언뜻 머리에 떠오르지 않을지도 모르겠습니다. 앞에서도 이 신과 같은 개념을 실체라는 말로 표현했는데, 이 실체라는 말이 오히려 철학적인 의미로서 신의 개념을 포함하는 말인 것을 이해하면 조금은 수긍이 갈지 모르겠습니다.

서양의 종교 철학 전통에서 핵심 개념으로 간주되는 신의 개념은 오늘날에 이르기까지 종교 문화의 핵심 요소로 간주됩니다. 이것은 신의 개념이 인간의 정신 활동을 지탱하는 중요한 개념인 것을 의미합니다. 신의 개념은 동서양을 막론하고 인류의 정신적 문화를 만들어내는 토대의 역할을 했습니다. 불교가 생겨난 인도에서는 불타가 활동하던 기원전 시대에 이미 신의 개념이 종교적으로나 철학적으로 핵심 개념이었습니다. 그렇지만 인도에서 신의 개념은 서양의 그것과는 다른 모습입니다.

인도에서의 신에 해당하는 브라흐만은 우주의 창조자이자 절대자입니다. 이것은 서양의 신과 마찬가지입니다. 하지만 인도에는 이 브라흐만의 속성으로서의 아뜨만이라는 개념이 존재합니다. 절대자인 브라흐만은 이 현상 세계를 만든 뒤 자신이 만든 현상 세계 속으로 들어갑니다. 이렇게 하여 현상 세계에 존재하는 모든 사물 안에 브라흐만이 내재하는게 되는데, 현상 세계의 사물 속에 내재하는 이러한 브라흐만을 아뜨만이라 부릅니다. 이렇게 현상 세계의 일체 사물에는 아뜨만이 내재합니다. 아뜨만은 현상 세계의 대표적 존재인 인간의 내면에도 존재하는데, 이 영원하고 변하지 않는 아뜨만이야말로 진리의 대상이자 해탈의 대상입니다.

서양의 신도 인도의 신과 마찬가지로 우주의 창조자이자 절대자입니다. 하지만 서양의 신은 인도의 신처럼 피조물인 인간이나 여타의 사물 속에 내재한다고 여겨지지 않습니다. 신의 아들로서 아버지인 신을 대신해 세상에 나타났다는 예수의 생애에 대한 이야기를 살펴보더라도 인간은 신에 대해 절대적인 신앙을 가져야 하는 존재로 인식되는 것 같습니다. 이렇게 서양에서는 신과 인간 사이에 분명한 경계가 설정되어 있고, 그러한 경계를 넘어 신과 인간을 이어주는 것이 교회나 종교인의 역할로 이해되는 것 같습니다.

하지만 브라흐만과 아뜨만을 주장하는 인도철학에서는 내면의 아뜨만을 아는 것이 절대적으로 중요합니다. 그리고 아뜨만이 무엇인지 설명하고 알려주는 것은 철학자나 종교인이 해야 할 일이지만, 아뜨만을 앎으로써 실제로 해탈에 이르는 것은 각각의 인간이 해야 할 일입니다. 인간이 아뜨만을 알고 해탈에 이른다는 것은 물론 쉬운 일이 아닙니다. 하지만 인간이 해탈에 이를 수 있다는 생각 자체는 의미심장한 것이라 생각됩니다. 이렇게 해탈의 근거로서 아뜨만을 인정하는 입장에서는 아뜨만에 대한 탐구가 당연히 중요한 철학적 과제였습니다.

하지만 불교에서는 브라흐만뿐만 아니라 모든 사물 안에 내재하는 아뜨만을 인정하지 않습니다. 절대적으로 존재하는 변치 않는 존재란 있을 수 없고, 모든 것은 무상하다는 것이 불교의 근본 입장이기 때문이지요. 불교의 이러한 입장은 모든 것은 조건에 의해 생겨난다는 연기의 이치에 근거합니다.

따라서 불교는 브라흐만이라는 절대자가 있고, 그 절대자가 모든 사물에 내재한다는 식의 실체적 관점에서 현상 세계를 설명하는 것을 거부합니다. 그 대신 불교는 현상 세계를 구성하는 여러 가지 요소로서의 제법들이 서로 관계를 맺고 작용한다는 연기론적 관점에서 현상 세계를 설명하고자 합니다.

그렇다면 불교에서 말하는 제법이라는 것들은 실체인 것일까요? 실체로서의 브라흐만이라는 신은 부정했다고 하지만 실체로서의 제법 정도는 인정할 수 있는 것 아닐까요? 브라흐만은 말할 것도 없고, 제법 역시 실체가 아니라는 것이 『반야심경』의 가르침입니다. 대승불교는 일체의 실체적 관념을 부정합니다. 제법을 포함한 모든 것이 실체가 아니라는 것을 깨닫는 것은 무척이나 중요합니다. 『반야심경』에서 말하듯, 해탈이라는 것은 반야바라밀다의 행을 통해 일체의 실체 개념에서 벗어났을 때 이루어지는 것이니까요.

불교 지성의 회복

"진리가 너희를 자유롭게 하리라."

참 멋진 말이라 생각됩니다. 그렇지만 이 말은 다들 아는 것처럼 바이블에 나오는 말입니다. 물론 전후의 맥락을 이해하고 써야 할 말이지만, 말 자체로 인간의 정신적 추구의 자세를 잘 나타내고 있습니다. 여기에서의 진리란 바이블에서 추구하는 기독교적 진리를 나타내겠지만, 이 말은 진리를 추구하는 모든 종교나 철학의 입장에서도 당연히 사용할 수 있다고 생각합니다. 불교의 입장에서도 진리를 통찰해 깨달음을 얻으면 정신적인 해탈을 얻어 심신이 자유롭게 된다고 말하고 있습니다. 따라서 이러한 다양한 종교나 철학의 입장을 생각해보면, 진리라는 것이 분명 유일하고 절대적인 것은 아니라고 생각됩니다. 모든 종교나 철학에서 지향하는 목표가 인간의 정신적 자유를 가져다주는 진리에 대한 탐구라고 한다면, 진리는 다양하다고 말할 수 있게 됩니다. 물론 특정 종교나 철학의 입장에서 각각의 지향점으로서 진리라는 말을 쓰게 되면 유일한 진리라는 입장은 분명해지겠지만, 보편성을 갖는 말인 점을 생각하면 주의해서 써야 할 것 같습니다.

그렇다면 불교적 진리란 무엇일까요. 불교적 진리는 『반야심경』에서 강조하는 반야바라밀다에 간직되어 있다고 생각합니다. 반야바라밀다가 어떠한 입장에서 불교의 진리를 나타내고 있는지 다시 한 번 살펴보도록 하겠습니다. 반야바라밀다는 인간의 정신적 입장에서 깨달음의 경계를 나타내는 지혜라고 할 수 있습니다. 전통적인 불교 교학의 입장에서 계·정·혜의 삼학(三學) 중에 혜학을 가리킵니다. 계학과 정학을 토대로 지혜의 경계에서 이루어지는 진리 통찰의 단계가 이 반야바라밀다의 경계입니다. 그리고 이러한 경계에서 이루어지는 구체적인 통찰이 제법의 자성이 공하다는 공성에 대한 통찰입니다. 공성의 통찰은 우리의 삶을 구성하는 제법에 대한 실체적 관념에서 벗어나는 것으로, 실체라고 오인된 모든 것에 대한 정신적 집착을 남김없이 버리는 것이라 할 수 있습니다.

실체적 관념에서 철저하게 벗어나게 될 때, 즉 공성을 체득하게 될 때 우리는 인간이라는 존재를 새롭게 이해하게 됩니다. 이때 우리는 자유를 경험하게 됩니다. 여기서 말하는 자유란 신과 같은 절대적 존재에 대해서는 물론, 우리 삶의 일체 개별적인 요소들에 대해서도 얽매이지 않는 것을 말합니다. 해탈이란 바로 이러한 자유의 경험을 말합니다. 해탈한 우리들은 더 이상 번뇌와 고통에 시달리는 존재가 아니라 진리와 합일된 존재가 됩니다. 이렇게 진리와 합일하게 되는 것을 대승불교에서는 '법신(法身)의 몸이 된다'라고 표현합니다.

우리는 반야바라밀다의 행을 통해 법신을 자각하게 됩니다. 이러한 자각은 연기에 대한 우리의 의식을 고양시킵니다. 신이든 사물이든 '나'이든, 모든 것이 연기된 것일 뿐 실체로서 존재하는 것이 아님을 알게 되면 그 모든 것들 사이의 구분 역시 존재하지 않음을 알게 됩니다. 그 결과 우리는 우리의 주변과 더욱 합일하게 되고 나아가 우리 자신이 자연과 하나임을 깨닫게 됩니다. 우리와 우리의 주변이 이렇게 밀접한 관계를 맺고 있음을 알게 될 때, 우리는 오직 나 하나만을 위하는 삶이 아니라 주변에

도움이 되는 삶을 살아가야겠다는 의지를 갖게 됩니다.

제법자성공을 통찰하는 반야바라밀다의 경계는 이렇게 나와 내 주변이 맺고 있는 불가분의 관계를 자각하게 함으로써 내 주변에 대한 이타(利他)적인 마음을 갖게 하는 계기가 됩니다. 반야바라밀다의 행을 통해 특정한 것에 대한 관념적인 집착으로서의 실체 의식에서 벗어나면 아무런 걸림 없이 타인에 대해 선의(善意)의 행동을 하게 됩니다.

관념적 차원에서가 아니라 생생하고 구체적인 실제 현실의 삶에서 이와 같이 살아가는 것이야말로 불교적인 지성(知性)이 실현된 모습이 아닐까 생각합니다. 무엇이 되었건 어떤 것을 실체로 여기고 집착해서는 안 됩니다. 그런 실체적 관념에서 탈피하여 인간 내면의 선성(善性)에 대한 확신을 바탕으로 타인에게 조건 없는 선행을 베푸는 것이 바람직한 불교인의 모습이라고 할 수 있습니다. 반야바라밀다의 실천은 불교인이 걸어가야 할 길이 어떤 것인지를 분명히 보여줌으로써 고따마 붓다가 보여준 불교적 지성을 현실에서 실현하는 계기를 만들어줍니다.

이타자리의 삶

반야바라밀다의 행은 세상을 살아가는 인간의 삶이 실체적인 것에 속박되지 않는 정신적 자유로움에 의해 영위될 수 있음을 나타냅니다. 이 정신적 자유로움이란 절대적인 존재에 구속되지 않고 나아가 우리 삶의 일체 개별적인 요소들에게도 얽매이지 않는 정신적 경계를 나타냅니다. 이러한 정신적 경계는 우리 삶이 우리를 둘러싼 주변의 삶과 상호 밀접한 관련을 갖는다는 연기적인 삶을 새롭게 인식시켜주는 정신적 계기라고 할 수 있습니다. 곧 불교의 전통적인 교리 용어인 연기-무아의 철학적 전통이 반야바라밀다의 행위로 새롭게 나타나는 것입니다. 그리고 이러한 반야바라밀다의 행위는 대승불교 이전의 불교 전통과는 조금은 다른 새로운 종교적 흐름을 배경으로 합니다. 곧 불교적 정신에 뜻을 둔 모든 사람들이 이 반야바라밀다의 행위를 통해 공성을 체득하고 진리에 도달할 수 있다는 확신입니다. 이러한 확신은 대승보살의 실천적 전통으로 이어지는 것이라고 말할 수 있습니다. 대승불교에서는 붓다의 가르침을 따르는 사람을 보살이라 불렀고, 이 보살이 추구하는 진리에 대한 실천적인 삶을 정립했습니다. 그 실천적인 삶이 육바라밀다의 실천 덕목입니다.

육바라밀다는 육바라밀로도 표현되는 것으로, 대승보살이 실천하는 여섯 가지 실천 덕목입니다. 곧 보시·지계·인욕·정진·선정·지혜입니다. 보시란 남에게 바라는 것 없이 주는 것입니다. 지계란 계율을 잘 지키는 것, 인욕이란 참고 견뎌내는 것, 정진이란 올바른 목표를 위해 부지런히 노력하는 것, 선정이란 깨달음을 위해 정신 집중하는 것, 그리고 지혜란 진리를 분명히 아는 것을 말합니다. 이 육바라밀은 대승보살의 대표적인 실천 덕목입니다.

그리고 이 여섯에 방편(方便)·원(願)·역(力)·지(智)의 넷을 더해 십바라밀이라고도 합니다. 방편이란 목적을 이루기 위한 다양한 방법을 의미하며, 원은 지향하는 목표, 역은 깨달음을 향한 내면적인 힘, 지는 궁극의 지혜를 말합니다. 이 네 가지 바라밀은 앞서 육바라밀다와 관련을 가지며, 육바라밀다의 보다 빠른 완성에 도움을 주는 덕목이라 할 수 있습니다. 육바라밀은 진리를 추구하기 위한 불교의 전통적 실천 형태인 삼학의 체계를 대승적으로 변용시킨 것입니다. 곧 육바라밀의 보시·지계·인욕·정진의 넷은 계학을, 선정바라밀은 정학을, 지혜바라밀은 혜학을 나타냅니다. 곧 계·정·혜 삼학의 체계가 육바라밀 내지 십바라밀의 근저에 있는 것으로, 육바라밀은 삼학의 체계를 대승불교의 실천 덕목으로 재탄생시킨 것이라 할 수 있습니다.

이 육바라밀의 실천은 대승의 입장에서 반야바라밀다 행의 위상을 잘 보여 줍니다. 곧 우리들이 반야바라밀다를 실천하는 것은 깨달음의 경계에 도달하는 것으로, 우리들은 이 경계에 도달하기 위해 노력하고 또 이 경계에서 통찰한 진리에 대한 확신을 실제 삶 속에서 구현해야 하는 것입니다. 반야바라밀다의 행을 통한 깨달음의 경계에 대한 통찰도 그 자체로 고정된 것은 아닙니다. 그 경계에 이르기 위한 노력과 그 경계로부터 현실적인 삶으로 되돌아오는 순환적인 삶이 연속적으로 이루어지는 것입니다. 곧 '계→정→혜→정→계→정…'의 순환적인 구조가 반복된다고 할 수 있습니다.

이러한 순환적인 구조는 계를 지켜 청정한 마음으로 진리를 향하고자 하는 열정을 일으키고, 진리에 대한 정신 집중인 선정을 바탕으로, 깨달음의 진리를 얻고, 다시 청정한 마음을 통해 현실적인 삶으로 돌아오는 것입니다. 이렇게 반야바라밀다의 지혜의 행은 현실적인 삶과 밀접한 관련을 갖습니다. 따라서 반야바라밀다는 대승보살이 현실에서 구현하는 삶의 목표를 성취시키는 계기를 가져다준다고 할 수 있습니다.

그렇다면 반야바라밀다의 행을 강조하는 대승보살이 추구하는 구체적인 삶의 목표란 무엇일까요. 반야바라밀다에 근거한 행위는 분명 다른 종교와는 차이가 있을 것 같습니다. 곧 반야바라밀다의 행과 같은 정신적, 내면적 해탈이 목적이 되는 경우는 분명 그 목표도 달라질 것입니다. 반야바라밀다의 행을 강조하는 대승불교의 입장에서는 내면의 연기적 정신 체계를 바탕으로 나와 주변의 타자를 동일시하는 마음에 근거한 실천적 행동이 그 목표가 될 것으로 생각됩니다. 이것을 다른 말로 하면 이타자리(利他自利)의 실천으로, 남을 이롭게 하고 스스로를 이롭게 하는 일로서, 이 말은 남을 이롭게 하는 것이 자기를 이롭게 하는 것이라는 뜻이기도 합니다. 우리의 삶이 타인과 밀접한 관계 속에서 이루어지는 까닭에 언제든 주변의 삶에 주의를 기울이며 남을 이롭게 하는 마음으로 살아간다는 뜻이 될 것입니다. 그리고 이것은 육바라밀다의 실천에서 본 것과 같이 삶 속에서 반야바라밀다의 행을 실천하는 것을 의미하기도 합니다. 곧 반야바라밀다의 행을 통해 실체적인 관념을 없애고 인간의 삶을 깊이 돌아봄으로써 삶 속에서 이타자리의 목표를 성취하는 것입니다.

그렇지만 여기에서 우리들이 분명히 생각하고 넘어가야 할 것이 있습니다. 곧 반야바라밀다의 구체적 실천으로서 이타자리의 삶을 사는 것은 당연한 목표로 필요한 것이지만, 그것이 실제 삶 속에서 원하는 대로 다 이루어지는가는 별개의 문제로 보아야 한다는 것입니다. 인간이 살아가야 할 목표로서 길이 분명하게 보이더라도, 그것이 바라는 대로 성취되는가의 문제는 간단하지 않다고 생각합니다. 그것은 우리들의 삶에는 추구하는 진리가 다른 사람들이 있듯 다양하고 복잡한 삶이 현실적으로 전개되기 때문입니다. 나아가야 할 궁극의 목적이 단순하고 명확하더라도 실제 우리의 현실적인 삶에는 복잡하고 불확실한 일들이 연속적으로 일어납니다. 이러한 현실을 헤쳐 나가기 위해 우리들은 더 큰 역량의 그릇을 키우고 다양한 경험을 할 필요가 있을 것입니다. 그리고 이를 통해 넓은 안목을 갖고 우리가 나아가야 할 목표를 분명히 설정해야 할 것입니다. 이러한 목표로서 불교적 진리로 나아가는 실천행인 반야바라밀다의 행은 절대적으로 중요하고, 그것에 근거한 실천적 노력은 보살로서는 반드시 성취해야 할 일이라 생각됩니다. 반야바라밀다의 행에 근거한 이타자리의 실천적 의지로 우리의 삶을 행복하게 만들어 가도록 노력해야 할 것입니다.

『반야심경』과 나

『반야심경』과의 첫 만남은 대학 때의 일이었던 것 같습니다. 당시 『반야심경』을 외우고 여러 사람들과 함께 독송하는 기회가 생긴 이래 『반야심경』의 내용은 제 정신의 일부가 되었습니다. 『반야심경』에 나타나는 공이라는 말을 처음 들었을 때 분명 큰 충격을 받았고, 그것이 불교의 핵심 개념이라는 생각이 분명히 들었습니다. 아마도 초등학교 시절 같습니다만 시골에서 교회나 성당을 몇 차례 나가 본 이후 기독교의 근본 사상이 신이나 하나님 등과 같은 말에 있다는 생각이 들었습니다. 그런데 그것을 이해하기는 어렵지 않았지만 마음속으로 받아들이기는 쉽지 않았던 것 같습니다. 그러한 생각들이 늘 맴돌고 있었기에 『반야심경』의 공이라는 말이 가슴 속에 자연스레 들어왔던 것 같습니다. 그것은 놀라운 일이기도 했습니다. 그리고 그러한 공이라는 말이 연기-무아의 정신을 계승한다는 것을 알게 되었을 때 불교는 나의 삶에 확실한 일부가 되었다고 생각됩니다.

　고따마 붓다가 활동하던 당시에도 절대적 개념인 신이 중요한 사상적 테마였다고 생각됩니다. 좀 더 정확하게는 브라흐만, 아뜨만의 개념이 되리라 생각합니다만, 이러한 개념도 사실 저에게 큰 충격을 주었습니다. 단지 신이라 하여 초인간적인 절대자의 개념으로 생각했던 것이 인도철학에서는 아뜨만이라는 인간의 내면적 개념과 연결됩니다. 아마도 기독교적으로 말하면 인간에게 신의 속성, 즉 신성(神性)이 있다고 말하는 것과 같은 듯하지만, 실제 기독교에서는 그러한 신성은 잘 이야기하지 않는 것 같습니다. 인도철학에서는 절대자 브라흐만의 속성인 아뜨만이 인간의 내면에 존재한다고 말합니다. 이러한 아뜨만의 개념은 새롭고 독특하게 느껴졌지만 그것이 내면에서 중요한 가치로서 자리 잡기도 전에 불교를 만났습니다. 불교에서는 그러한 아뜨만을 부정하여 무아설을 주장하고, 무아설의 이유로서 붓다가 깨달은 연기법을 제시합니다. 모든 것은 절대자의 산물이 아니라 갖가지 법들의 연기적인 관계에서 이루어진다는 것입니다. 아마도 이 연기적인 원칙이 지금껏 제가 만난 가장 합리적인 사유의 근거라는 생각이 듭니다.

　　인도철학을 만나고 공부하며 삶의 진리라고 확신했고 위안을 받았던 개념이 연기법이라고 할 수 있을 것 같습니다. 무수한 종교사상가들이 인류 역사와 함께 했지만, 연기법을 종교적 진리로 삼은 불교는 제가 만난 가장 큰 위안이자 안식처였습니다. 그리고 여기에서 한발 더 나아가 불교적 진리에 확신을 준 것이 대승불교이고 공의 철학이었습니다. 사실 인도의 종교 문화에는 출가와 재가의 구분이 명확하게 나타납니다. 물론 그것은 인도의 종교적 환경과 관계가 있다고 생각되지만, 동양적 유교 문화가 근저에 깔린 한국의 역사 전통에서는 출가의 문화를 인도와 동일시하기는 쉽지 않다고 생각합니다. 그렇기에 불교의 진리가 온전한 진리라고 확신해도 그것에 임하는 불교도로서 주체적인 입장을 갖지 못한다면 늘 허전한 한 구석을 갖는 것이 될 수밖에 없습니다.

　　그렇지만 대승불교는 비록 인도의 종교 문화에서 출현했다 하더라도 재가자도 붓다가 될 수 있다는 입장을 천명하고 있습니다. 이러한 대승불교의 입장에 대한 이해가 가슴 속에 자리 잡게 되었을 때의 안도감과 감사의 마음은 실로 컸던 것 같습니다. 그러한 대승불교의 입장에서 만들어진 최초의 경전이 반야바라밀다를 선양하는 반야경이고, 그것의 핵심 경전인 『반야심경』이 당연히 저의 내면의 의지처가 되었습니다.

그리고 또 돌아보면 『반야심경』이 새롭게 보인 계기가 있었던 것 같습니다. 그것은 대승불교의 사상가인 나가르주나의 『근본중송』을 번역 출간한 것으로, 이 책을 번역하는 중에 만난 자성의 개념이 대단히 중요하다는 확신을 갖게 된 것입니다. 『근본중송』은 연기를 주장하는 불교와 자성과 같은 실체를 주장하는 다른 학파들 간의 논쟁을 게송으로 정리한 책으로, 『근본중송』 곳곳에 나타나는 실체적인 개념으로 자성이 특히 눈에 띄었습니다. 『근본중송』의 번역을 마치고 연기와 자성의 개념이 머릿속을 떠나지 않은 상황에서 『반야심경』을 보았을 때 마치 불꽃이 튀듯 눈에 들어오는 것이 있었습니다. 그것은 『반야심경』에 나오는 자성이라는 말이었습니다.

사실 정확히 말하면 우리들이 접하는 『반야심경』인 현장 역 『반야심경』에는 자성이라는 말이 없습니다. 그렇지만 혹시나 하는 마음으로 다른 『반야심경』을 찾아보고

자성이라는 말을 알게 되었을 때 놀란 마음은 지금도 흥분이 될 정도입니다. 현장의 번역 외에 다른 한역본과 산스끄리뜨본 전체에서 자성이라는 말이 나오고 있었던 것입니다. 자성이라는 말은 본질, 본성 등의 용어로서 이 말이 있으면 제법의 성격을 좀 더 쉽게 알 수 있습니다. 불교의 법의 개념에 대해서도 제법공상보다는 제법자성공이 좀 더 이해하기가 쉽지 않을까 생각합니다. 다른 모든 『반야심경』에 나오는 자성이라는 말이 유독 우리들이 접하는 현장 역 『반야심경』에 나오지 않는 것은 아쉬운 일이라 생각합니다. 이렇게 『반야심경』에 나오는 제법의 개념에 자성이라는 개념을 보완해 이해하는 것이 무방하다는 입장에서 『반야심경』의 이해는 좀 더 진전되었다고 생각합니다.

또 그러한 제법자성공에 대한 통찰이 반야바라밀다에서 나타나는 구체적인 행이라는 중요한 대승의 정신을 존중해야 한다는 입장에서 불편함을 느꼈던 것이 반야바라밀다를 주문으로 간주한다는 『반야심경』의 내용이었습니다. 사실 『반야심경』에서 반야바라밀다를 주문으로 간주하고 또 반야바라밀다의 주문이 이어서 나오는 것에 대한 의문은 『반야심경』을 처음 접했을 때부터 있었습니다. 이런 의문은 공성의 통찰을 강조하는 위대한 대승의 정신적 표출인 반야바라밀다가 주문인지 아닌지의 문제로 『반야심경』의 정체성에 혼동을 일으킨다는 것도 알게 되었습니다. 그런 까닭에 반야바라밀다가 주문인지의 문제를 본격적으로 살펴볼 뜻을 내었고, 그런 절차로 한역본 외에 산스끄리뜨본을 총체적으로 살펴보기도 했습니다. 실제 모든 한역본에서는 반야바라밀다도 주문이고 반야바라밀다의 주문도 함께 나오고 있습니다. 그렇지만 산스끄리뜨본을 살펴보면 이 문제의 실마리가 풀릴 수 있음을 알게 되었습니다. 곧 산스끄리뜨본에서는 반야바라밀다가 주문으로 나오는 것이 아니라 반야바라밀다에 도달하고자 하는 사람들에 대한 격려와 그 성취의 공덕을 담고 있는 주문의 의미로 반야바라밀다의 주문이 나옵니다. 제가 살펴본 바로는 공성의 통찰을 이룩하는 반야바라밀다에 도달하고자 노력하는 사람들에 대한 격려와 성원의 의미로서 반야바라밀다의 주문이 설해졌다고 생각됩니다. 이러한 입장에 서면 반야바라밀다가 주문인지 아닌지의 문제에 휘둘릴 필요가 없어집니다.

인류의 정신적 역사 속에는 그 올바른 도달점으로 진리라는 목표가 제시되어 있다고 생각합니다. 그렇지만 그 진리가 온전히 하나라고 하기는 어려울 정도로 각각의 다양한 정신 문화의 전통들이 이어지고 있습니다. 그러한 정신적 역사 속에서 연기-무이-공의 철학적 개념이 종교적 진리에 이르는 길임을 대승불교는 보여주고, 그 가르침의 정수를 『반야심경』은 드러내 보이고 있습니다. 그리고 대승불교는 그러한 반야바라밀다의 공성의 체득은 모든 사람들에게 가능한 정신적 통찰인 것을 강조하고 있습니다.

곧 공성의 통찰로 인해 실체적 사유를 떠나 연기적인 사유에 근거해 인간 내면의 선성을 개발하여 나와 남이 다르지 않는 까닭에 이타자리의 삶을 실천하는 것이 가능하다는 진실을 『반야심경』은 알려주고 있습니다. 이러한 『반야심경』의 정신을 따르는 대승불교도로서 보살이라는 말은 오늘날 불교에서 길을 찾고자 하는 모든 사람들에게도 붙일 수 있는 명칭이라고 생각됩니다.

대승불교의 목적

불교는 삶과 죽음의 의미를 밝히는 철학이요,

불교는 죽음을 이길 것을 가르치는 종교요,

불교는 삶의 정도(正道)를 가라고 요구하는 도덕이다.

불교를 철학, 종교, 도덕으로 정의한 명쾌한 글이지요. 이 글은 한국의 험난했던 근현대기에 혜성처럼 등장해 불교의 정신을 펴는 데 헌신했던 불연(不然) 이기영(李箕永, 1922~1996) 선생이 만년에 내린 불교의 정의입니다.

이기영 선생은 일제 식민지 시절 경성제국대학에서 동양사학을 전공해서 불교에 대한 이해는 가지고 있었지만, 본래 집안은 가톨릭을 신앙하고 있었다고 합니다. 그런 이유로 6·25 전쟁이 끝난 직후 1954년 가톨릭 장학생으로 유럽에 유학을 갔는데, 그 곳에서 오히려 불교를 공부하고 1960년 귀국했습니다. 귀국한 그 때부터 1996년 11월 돌아가실 때까지 오로지 불교 연구와 포교에 삶을 바쳤습니다. 불교 연구의 산실로서 ㈜한국불교연구원을 설립하고 불교 포교의 토대로서 대승보살의 모임인 '구도회'를 만들어 불교 정신을 선양했습니다. 이렇게 36년에 걸쳐 불교와 함께한 삶을 녹여 만든 불교의 정의가 바로 이 글입니다.

불교를 종교나 철학의 입장에서 논의하는 것은 일반적으로 보아왔지만 도덕이라는 관점을 더해 정의하는 것은 아마도 본 일이 별로 없었던 것 같습니다.『반야심경』에서 배울 수 있는 중요한 내용이 대승보살의 실천적 삶이라는 것을 강조하는 저는 이기영 선생의 이 불교의 정의가『반야심경』의 내용과도 중요한 관련을 갖는다고 생각합니다.

저도 기본적으로 종교는 삶과 죽음의 문제를 해결하는 중요한 해답을 제기하는 문화 형태라고 생각합니다. 그리고 당연히 철학도 인간의 삶과 죽음과 관련된 다양한 의미를 밝히는 지적인 작업이겠지요. 이런 점에서는『반야심경』에서 밝히고 있는 공성의 체득도 삶과 죽음의 의미를 극복하는 정신적 체계를 제시하고 있다고 말할 수 있습니다. 저는 앞에서 신이라는 실체의 관념을 해체하는 공성의 체득이 인간 내면의 이타심을 불러일으키는 토대라고 말했습니다. 이러한 이타심은 실체적인 관념에 얽혀서는 드러나기가 쉽지 않습니다. 이타심은 일체의 실체적인 관념을 벗어난 순수한 의식의 상태에서 끊임없는 연기적인 자각을 통해 생겨나는 것이라 할 수 있습니다. 그러한 이타심은 인간과 인간, 인간과 사물의 관계가 밀접한 관련을 갖는 것을 알려주고, 나아가 우리의 삶과 죽음도 밀접한 관련을 갖고 있음을 깨우쳐주는 것입니다. 살아가는 것 자체가 죽음을 향해 가는 것이기도 하지만, 삶 자체가 죽음과 밀접히 관련된 것을 인식시켜줍니다. 따라서 공성의 체득을 통해 연기적인 자각을 갖춘 마음의 자세로서 의지가 분명히 표출된다면 그러한 사람은 삶 속에서도 굳건한 이타심에 근거한 실천적 자세를 드러낸다고 할 수 있습니다.

삶과 죽음의 경계가 명확하게 함께하고 있음을 자각하고 의식한다는 점에서 공성의 체득을 강조하는『반야심경』의 정신은 앞서 이기영 선생이 정의한 종교와 철학의 범주에 당연히 들어간다고 말할 수 있습니다. 그리고 이러한 공성의 체득은 대승의 보살이 실천하는 육바라밀의 실천 체계로서 반야바라밀다의 실천인 것입니다. 곧 반야바라밀다는 다른 다섯 가지 바라밀다와 연관을 갖는 속에서 그 힘을 발휘하는 것입니다. 공성의 통찰을 가져오는 반야바라밀다를 통해 정신적 자유와 이타심의 고양(高揚)을 갖는 보살은 그러한 마음을 현실의 삶 속에 펼쳐나가야 하는 것입니다. 이러한 삶 속에 펼쳐지는 보살의 실천 체계는 이기영 선생이 말한 도덕과 다를 바가 없습니다. 삶 속에서 이루어지는 윤리적이고 도덕적인 삶이 보살이 실천해야 할 실천 체계라고 할 수 있습니다. 이러한 도덕적 관점에서의 실천 체계는 대승보살의 삶과 밀접한 관련을 갖는 것으로, 아마도 이기영 선생의 도덕적인 면에서의 불교 정의도 대승과 밀접한 관련을 갖는 것으로 생각됩니다. 이기영 선생은 대승불교의 선양에 누구보다도 앞장섰기 때문입니다.

『반야심경』은 공성의 체득을 통해 대승의 보살이 삶 속에서 온전한 삶을 살아가는 길을 제시하고 있습니다. 그것이 도덕적이고 윤리적인 삶인 것은 당연한 것입니다. 그렇지만 그러한 현실적인 삶에서의 올바른 행위는 종교나 철학에서 말하는 삶의 진리에 대한 통찰에서 나오는 것을 잊어서는 안 될 것 같습니다. 그런 면에서 공성의 체득을 통한 정신적 자유와 이타심의 발양(發揚)은 다른 종교에서는 볼 수 없는 대승불교의 근본적 성격을 나타내는 것입니다. 이러한 대승의 정신이 온전히 녹아 있는 대표적인 경전이 『반야심경』인 것은 다시 말할 필요가 없을 듯합니다. 『반야심경』은 향후로도 우리들의 주변에서 늘 독송되고 우리들도 외울 것입니다. 우리들이 접하는 만큼의 많은 시간 속에 『반야심경』의 정신이 더욱 깊게 이해되어 우리들 정신적 자각의 자양분이 되기를 기대해 마지않습니다. 이런 뜻을 담아 마무리 인사로 다음과 같은 강령을 제시하면 어떨까 합니다.

　"공성의 통찰을 바탕으로 한 이타자리의 삶은 우리를 진리의 길로 이끈다."

직역으로 읽는 현장 역 『반야심경』

觀自在菩薩

관자재보살

관자재보살이

行深般若波羅蜜多時

행심반야바라밀다시

깊은 반야바라밀다를 행할 때,

照見五蘊皆空 度一切苦厄

조견오온개공 도일체고액

오온이 모두 공하다는 것을 살펴보고, 일체의 고통과 재난에서 벗어났다.

舍利子 色不異空 空不異色 色卽是空 空卽是色

사리자 색불이공 공불이색 색즉시공 공즉시색

사리자여, 색은 공과 다르지 않고 공한 것은 색과 다르지 않고, 색이야말로 공이며 공한 것이야말로 색이다.

受想行識亦復如是

수상행식역부여시

수·상·행·식도 또한 그와 같다.

舍利子 是諸法空相 不生不滅 不垢不淨 不增不減

사리자 시제법공상 불생불멸 불구부정 부증불감

사리자여, 이 제법의 공한 상태는 생기거나 없어지는 것도 없고, 더럽거나 깨끗한 것도 없고, 늘어나거나 줄어드는 것도 없다.

是故空中無色 無受想行識

시고공중무색 무수상행식

그런 까닭에 공한 상태에는 색도 없고, 수·상·행·식도 없다.

無眼耳鼻舌身意

무안이비설신의

거기에는 안·이·비·설·신·의도 없고,

無色聲香味觸法

무색성향미촉법

색·성·향·미·촉·법도 없고,

無眼界 乃至 無意識界

무안계 내지 무의식계

안계도 없고 나아가 의식계도 없다.

無無明 亦無無明盡 乃至 無老死 亦無老死盡

무무명 역무무명진 내지 무노사 역무노사진

무명도 없고 무명이 없어졌다는 것도 없고, 나아가 노사
도 없고 노사가 없어졌다는 것도 없다.

無苦集滅道 無智 亦無得

무고집멸도 무지 역무득

괴로움, 괴로움의 원인, 괴로움의 소멸, 괴로움 소멸의 길
이라는 것도 없고, 완전히 아는 것이나 얻어지는 것도 없
다.

以無所得故 菩提薩埵 依般若波羅蜜多故 心無罣礙 無
罣礙故 無有恐怖 遠離顚倒夢想 究竟涅槃
이무소득고 보리살타 의반야바라밀다고 심무가애 무가
애고 무유공포 원리전도몽상 구경열반
그렇게 얻어지는 것이 없는 까닭에, 보살은 반야바라밀다
에 의지하여 마음에 걸림이 없고, 걸림이 없는 까닭에 두
려움이 없고 잘못된 견해를 멀리 떠나 마침내 열반에 도
달한다.

三世諸佛 依般若波羅蜜多故 得阿耨多羅三藐三菩提
삼세제불 의반야바라밀다고 득아뇩다라삼먁삼보리
과거, 현재, 미래의 부처들도 반야바라밀다에 의지하여
최고의 깨달음의 경계에 도달한다.

故知般若波羅蜜多 是大神咒 是大明咒 是無上咒 是無

等等咒 能除一切苦 眞實不虛

고지반야바라밀다 시대신주 시대명주 시무상주 시무등
등주 능제일체고 진실불허

그런 까닭에 알지니, 반야바라밀다의 큰 공덕이 담긴 신
비한 주문, 큰 지혜의 주문, 위없는 주문, 견줄 수 없는 주
문은 능히 모든 고통을 없애고 진실되며 허망하지 않기
에,

故說般若波羅蜜多咒 卽說咒曰

고설반야바라밀다주 즉설주왈

그런 까닭에 반야바라밀다의 주문을 설한다. 곧 다음과
같다.

揭帝 揭帝 般羅揭帝 般羅僧揭帝 菩提僧莎訶

아제 아제 바라아제 바라승아제 모지사바하

간 자여! 간 자여! 열반에 간 자여! 열반에 온전히 간 자
여! 깨달음의 행운이 있으리!

부록 2

의역으로 읽는 현장 역 『반야심경』

觀自在菩薩

관자재보살

관자재보살이

行深般若波羅蜜多時

행심반야바라밀다시

지혜 완성의 경계에 이르렀을 때,

照見五蘊皆空 度一切苦厄

조견오온개공 도일체고액

**존재를 구성하는 다섯 가지 요소에 실체가 없는 것을 살
펴보고 일체의 고통으로부터 벗어났다.**

舍利子 色不異空 空不異色 色卽是空 空卽是色

사리자 색불이공 공불이색 색즉시공 공즉시색

사리자여, 물질은 공과 다르지 않고 공한 것은 물질과 다르지 않고, 물질이야말로 공이며 공한 것이야말로 물질이다.

受想行識亦復如是

수상행식역부여시

감수·표상·형성·의식도 또한 그와 같다.

舍利子 是諸法空相 不生不滅 不垢不淨 不增不減

사리자 시제법공상 불생불멸 불구부정 부증불감

사리자여, 이 존재하는 요소들의 실체가 없는 공한 상태에서는 생기거나 없어지는 것도 없고, 더럽거나 깨끗한 것도 없고, 늘어나거나 줄어드는 것도 없느니라.

是故空中無色 無受想行識

시고공중무색 무수상행식

그런 까닭에 공한 상태에는 물질·감수·표상·형성·의식의 실체가 없느니라.

無眼耳鼻舌身意

무안이비설신의

그러한 공의 상태에는 눈·귀·코·혀·몸·의식의 실체도
없고,

無色聲香味觸法

무색성향미촉법

물질·소리·냄새·맛·감촉·경계의 실체도 없고,

無眼界 乃至 無意識界

무안계 내지 무의식계

눈의 영역 나아가 의식 영역의 실체도 없고,

無無明 亦無無明盡 乃至 無老死 亦無老死盡

무무명 역무무명진 내지 무노사 역무노사진

무명도 없고 무명이 없어졌다는 경계의 실체도 없고, 노
사나 노사가 없어졌다는 경계의 실체도 없고,

無苦集滅道 無智 亦無得

무고집멸도 무지 역무득

괴로움, 괴로움의 원인, 괴로움의 소멸, 괴로움 소멸의 길이라는 실체도 없고, 완전히 아는 것이나 얻어지는 것의 실체도 없느니라.

以無所得故 菩提薩埵 依般若波羅蜜多故 心無罣礙 無罣礙故 無有恐怖 遠離顚倒夢想 究竟涅槃

이무소득고 보리살타 의반야바라밀다고 심무가애 무가애고 무유공포 원리전도몽상 구경열반

실체가 없는 공한 것인 까닭에, 보살은 지혜 완성의 경계에 의지하여 마음에 걸림이 없고, 걸림이 없는 까닭에 두려움이 없고 잘못된 견해를 멀리 떠나 마침내 열반에 도달한다.

三世諸佛 依般若波羅蜜多故 得阿耨多羅三藐三菩提

삼세제불 의반야바라밀다고 득아뇩다라삼먁삼보리

과거·현재·미래의 부처들도 지혜 완성의 경계에 의지하여 최고의 깨달음의 경계에 도달한다.

故知般若波羅蜜多 是大神咒 是大明咒 是無上咒 是無
等等咒 能除一切苦 眞實不虛
고지반야바라밀다 시대신주 시대명주 시무상주 시무등
등주 능제일체고 진실불허
그런 까닭에 알지니, 지혜의 완성이라는 큰 공덕이 담긴
신비한 주문, 큰 지혜의 주문, 위없는 주문, 견줄 수 없는
주문은 능히 모든 고통을 없애고 진실되며 허망하지 않기
에,

故說般若波羅蜜多咒 卽說咒曰
고설반야바라밀다주 즉설주왈
그런 까닭에 지혜 완성의 경계에서 그 주문을 설한다. 곧
다음과 같다.

揭帝 揭帝 般羅揭帝 般羅僧揭帝 菩提僧莎訶
아제 아제 바라아제 바라승아제 모지사바하
간 자여! 간 자여! 열반에 간 자여! 열반에 온전히 간 자
여! 깨달음의 행운이 있으리!

인문학 독자를 위한

반야심경

2025년 3월 4일 초판 1쇄 발행

지은이 이태승
발행인 박상근(至弘) • 편집인 류지호 • 편집이사 양동민
책임편집 하다해 • 편집 김재호, 양민호, 김소영, 최호승, 정유리 • 디자인 쿠담디자인
제작 김명환 • 마케팅 김대현, 김대우, 이선호, 류지수 • 관리 윤정안
콘텐츠국 유권준, 김희준
펴낸 곳 불광출판사 (03169) 서울시 종로구 사직로10길 17 인왕빌딩 301호
　　　　대표전화 02) 420-3200 편집부 02) 420-3300 팩시밀리 02) 420-3400
　　　　출판등록 제300-2009-130호(1979. 10. 10.)

ISBN 979-11-7261-138-5 (03150)

값 17,000원